Inge Minich
Gerald Drews

Hilfe, mein Kind wächst mir über den Kopf

Inge Minich
Gerald Drews

Hilfe, mein Kind wächst mir über den Kopf

So bekommen Eltern sich und
ihre Kinder in den Griff

MIDENA

Inhalt

Erziehung ist keine Einbahnstraße, der Dialog ist wichtig.

Begleiten wir unsere Kinder und sind wir bereit, auch von ihnen zu lernen, reifen Eltern und Kinder.

Erziehung lässt Eltern oft an ihre Grenzen stoßen. Aber äußerer Stress darf nicht als »Entschuldigung« benutzt werden.

Kinder brauchen Grenzen: Bleiben Sie bei Ihrem »Nein« – trotz unvermeidlicher Kindertränen.

Vorwort

Erziehung ist Beziehung. Doch Beziehungen sind keine Einbahnstraßen. Hier sind Eltern und Kinder beteiligt und beeinflussen ihr Verhalten gegenseitig. Dieses Buch bietet Ihnen konkrete Hilfen, Ihr Kind und sich selbst zu verstehen und das, was Sie für sich umsetzen wollen, zu verwirklichen. Das Neue daran sind vor allem Erkenntnisse über den »kompetenten Säugling«, die bisher fast ausschließlich der Fachwelt vorbehalten waren.

Im Säuglingsalter wird der Grundstein für eine gute Erziehung gelegt.

Die Bedeutung der Zeit, in der sich Ihr Kind noch nicht mit Worten verständigen kann, wird nach wie vor häufig unterschätzt – nicht nur von Eltern, sondern auch von Experten, die es wissen müssten: Erzieher, Kinderärzte, Therapeuten. Viele Beziehungsstörungen zwischen Kindern und Eltern sind das Ergebnis fehlender Kenntnisse wichtiger Zusammenhänge. Dies führt dazu, dass die einen nerven und die anderen sich genervt fühlen. Leider greift zunehmend eine Denkweise um sich, die gerade Müttern den »schwarzen Peter« in die Schuhe schiebt, wenn Kinder aus der Bahn geraten.

Eltern sind Vorbilder: Einen liebevollen, respektvollen Umgang kann man nur vorleben, nicht predigen.

Dies hat mit zu der enormen Verunsicherung der heutigen Elterngeneration beigetragen. Mit hohem Erwartungs- und Leistungsdruck hasten viele Mütter (und Väter) durch den stressigen Alltag, immer in Angst, etwas falsch zu machen, immer auf der Suche nach Verständnis und Entlastung.

Wem nun das Vertrauen zu seinem gesunden Menschenverstand fehlt, der ist auch verunsichert in seinen Beziehungen. Und Unsicherheit verstört. Was Sie sich immer wieder vor Augen führen sollten: Niemals ist in der Familie nur einer schuld an Schwierigkei-

ten. Wer sich in Schuldfragen verbeißt, verringert die Aussicht für alle Beteiligten, etwas zum Positiven zu verändern. Wer jedoch in der Lage ist, sich mit möglichen Ursachen zu befassen und eigene Wünsche und Ziele für Veränderungen zu finden, schafft die Atmosphäre, in der sich alle Familienmitglieder wohl, sicher und zu Hause fühlen.

Als Eltern besitzen Sie eine gesunde Mischung aus Gefühl und Verstand – ich nenne sie in diesem Buch »aktive Erziehungshaltung« –, auch wenn Sie sich selbst nicht immer vertrauen. Trotzdem gibt es immer wieder Probleme, für deren Lösung Sie Rat und Hilfe suchen. Dieser Ratgeber bietet Hilfe zur Selbsthilfe, vermittelt Einblicke in wichtige Erkenntnisse der Entwicklungspsychologie und sagt Ihnen, wie Sie diese für Ihren Erziehungsalltag umsetzen können – um die Beziehung zu Ihrem Kind besser zu verstehen und sich selbst zu motivieren, um respektvoll und achtsam mit ihm zu leben.

Wer ist schuld? – Diese Frage bringt Sie in der Erziehung nicht weiter.

Wenn Sie Ihre Erziehungsaufgabe gelassen, humorvoll, mit leichtem Herzen und klarem Verstand aktiv und interessiert gestalten, erleben Sie Freude, Zufriedenheit und so manche Glücksmomente. Dies wünschen wir Ihnen von ganzem Herzen.

Und noch etwas

Alle Fälle in diesem Buch stammen aus Inge Minichs langjährigem praktischen Erfahrungsschatz als Erzieherin, Lehrerin und Analytischer Psychotherapeutin für Kinder und Jugendliche. Dabei wurden alle Fallbeispiele so verändert, dass ihre therapeutische Schweigepflicht im vollen Umfang gewahrt blieb. Alle Namen sind völlig frei erfunden und Rückschlüsse auf reale Begebenheiten nicht möglich.

Selbstverständlich kann Ihnen dieser Ratgeber nur allgemeine Hinweise auf Erziehungsfragen geben. Im Einzelfall ist immer eine medizinische und/oder psychologische Beratung zu empfehlen, die dieses Buch keinesfalls ersetzen kann.

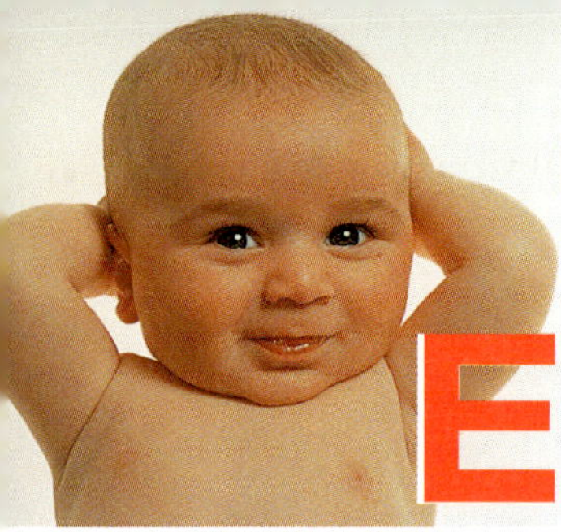

Eine kleine Entwicklungslehre: Die ersten Jahre

Als fest stand, dass Sie ein Kind bekommen, haben Sie sich vermutlich sehr darauf gefreut. Als es da war, haben Sie sich noch mehr gefreut. Sie haben in der Schwangerschaft Hoffnungen aufgebaut – ein Bild von einem Wunschkind entstand. Doch Ihr wirkliches Kind hat manchmal recht wenig mit diesem Wunschbild zu tun. Möglicherweise denken Sie zuweilen: »So habe ich es mir nicht vorgestellt!« Sie lieben Ihr Kind, und trotzdem gibt es immer wieder Probleme. Dieses Kapitel informiert über Erkenntnisse der Entwicklungspsychologie und darüber, wie Sie diese im Alltag umsetzen können.

Im Mutterleib: Die Weichen werden gestellt

Die Beziehung von Mutter und Kind beginnt in den ersten Wochen im Mutterleib. Die äußeren Einflüsse und das innere Erleben der Mutter wirken sich auch auf die seelische und körperliche Entwicklung des Kindes aus. Hier entsteht auch eine neue Problematik für Eltern. Denn eine werdende Mutter hat im Verlauf der Schwangerschaft auf viele Umstände wenig oder gar keinen Einfluss. Sie kann sich gesund ernähren, nicht rauchen, nicht trinken und für ausreichend Schlaf sorgen. Doch sie lebt nicht unter einer Glasglocke.

Ziel ist es, die Beziehung zu Ihrem Kind zu verstehen und Sie zu motivieren, sich respektvoll und achtsam auf Ihr Kind einzulassen.

»Eigenartig«, sinniert Frau Schlüter, »immer wenn ich klassische Musik auflege, laufen bei Tobias die Tränen. Ansonsten ist er ein ziemlicher Rabauke! Aber Klassik erträgt er nicht – da wird er ganz weich und weinerlich. »Meine Gedanken«, so erzählt sie,

»gingen in der Schwangerschaft immer wieder zu meinem ungeborenen Kind. Ich hatte große Angst, es zu verlieren. Oft habe ich geweint und war sehr verzweifelt, denn ich wollte dieses Kind unbedingt behalten, nachdem ich so viele Jahre darauf gewartet hatte. Mein Mann war viel unterwegs, und ich fühlte mich oft allein gelassen und hatte große Ängste, meine Aufgaben nicht gut zu bewältigen.«

Frau Schlüter hatte eine schwierige Schwangerschaft. Ihre körperlichen Beschwerden waren so stark, dass sie viel liegen und ruhen musste. Dabei hörte sie meist klassische Musik. Das erklärt, weshalb Tobias auf der einen Seite so empfindsam auf klassische Musik reagiert, andererseits gewaltig aufmischt: Seine Mutter sah in ihm eine Aufgabe, die es zu bewältigen galt. Bewältigung und Gewalt haben nicht von ungefähr einen gemeinsamen Wortstamm. Fachlich ausgedrückt: Die Mutter sah ihrem ersten Kind mit ambivalenten Gefühlen entgegen. Einerseits wollte sie es nicht verlieren und weinte viel, besonders wenn sie klassische Musik hörte. Andererseits fühlte sie sich allein gelassen und überfordert und hatte Angst vor dem, was auf sie zukam.

Zwiespältige Einstellungen sind oft ein Grund für Schwangerschaftsprobleme.

Schon im Mutterleib nimmt das Kind am Leben teil

Wir wissen heute, dass die Funktionsfähigkeit mancher Sinne schon ab der 6. Schwangerschaftswoche beginnt. Das Kind reagiert ab der 12. Woche auf Schmerzreize und ab der 17. Woche auf Schallreize. Spätestens ab dieser Zeit hört es Herztöne und die Stimme der Mutter und spricht darauf an – genauso wie auf ihren Geruch und ihre individuelle Art. Das heißt, es nimmt an ihrem Leben teil. An diese vorgeburtlichen Eindrücke kann sich das Kind nach der Geburt erinnern. So wie Tobias, der auf die Musik, die er schon im Uterus mitgehört und mitgefühlt hat, besonders sensibel rea-

giert. Nicht nur die Schwangerschaft ist für die seelische und körperliche Entwicklung des Kindes wichtig, auch der Geburtsvorgang selbst ist entscheidend für die Entwicklung einer Identität von Mutter und Kind. Dieser Aspekt wird in der Erziehung oft nicht ausreichend beachtet. Manchmal ist die Berücksichtigung der Geburtssituation jedoch sehr aufschlussreich.

Erstes Lebensjahr

Sigmund Freud hat die kindliche Entwicklung anhand der »erogenen Zonen« in bestimmte Phasen eingeteilt. Dementsprechend werden die Reifungsphasen benannt. So wird das erste Lebensjahr, das bestimmt wird von der Aufnahme der Welt durch den Mund, als »orale Phase« oder Mundphase bezeichnet.

Eine Mutter trägt Verantwortung für ihr ungeborenes Kind, gleichzeitig muss sie ihm Einflüsse zumuten, die sie so nicht will.

Der Mund: Öffnung zur Welt

»Beate macht mich noch wahnsinnig! Schauen Sie sich ihren Mund an! Total entzündet, und jedesmal wenn ich Salbe auftrage, lutscht sie sie wieder ab. Wie eklig! Beim Einschlafen lutscht sie am Zipfel der Zudecke. Furchtbar sieht die Bettwäsche aus! Aber was immer ich diesem Kind sage, nichts hilft. Ich habe schon alle möglichen Mittel versucht, sie von ihrer Saugerei wegzubringen!«

Was ist los mit Beate, die offensichtlich alles über den Mund aufnehmen und wahrnehmen muss? Sie scheint in der oralen Entwicklungsphase stecken geblieben zu sein. Die Vorstellung von Sigmund Freud, es gebe von früher Kindheit an bis ins Erwachsenenalter sinnlich empfindsame, mit Lust besetzte Bereiche, die je nach Reife im Zentrum der körperlichen Beachtung stehen, ist auch heute noch gültig. Bei der Geburt sind alle fünf Sinnesorgane entwickelt, und doch ist der Mund das Organ, mit dem wir am sinnvollsten und intensivsten mit der Welt in Kontakt treten. Die Mundhöhle kann schmecken, fühlen, Temperatur und Schmerz wahrnehmen, sie ist sozusagen die Öffnung zur Welt. Saugen vermittelt lustvolle Empfindungen und beseitigt Hunger und Schmerz.

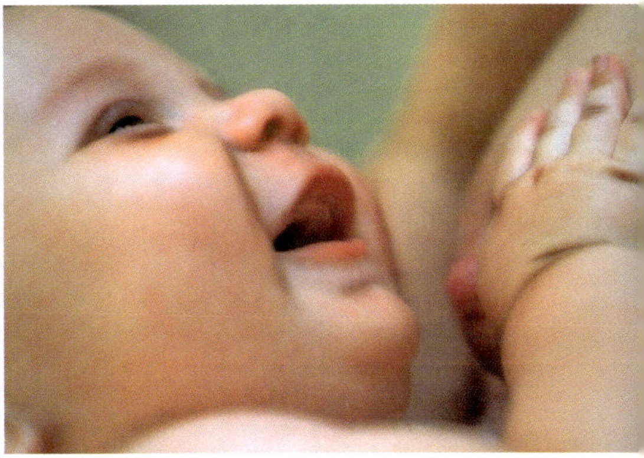

Nach der turbulenten Reise aus der Gebärmutter in die Welt braucht das Baby behutsame liebevolle Berührung.

Beim Stillen und Füttern nimmt der Säugling nicht nur Nahrung auf, sondern auch Kontakt zu der fütternden Person, meist der Mutter. So verschmelzen Nahrung, Beseitigung von Unwohlsein, Bedürfnisbefriedigung und Betreuungsperson miteinander.

Das Gefühl, nie im Stich gelassen zu werden

Jetzt entwickelt sich das Urvertrauen des Kindes. Auf diesem grundlegenden Gefühl kann sich die gesamte weitere Entwicklung aufbauen. Der Säugling ist überzeugt, dass seine Bedürfnisse erkannt und erfüllt werden und dass er niemals im Stich gelassen wird. Zugleich wird er auf Zeiten vorbereitet, in denen seine Wünsche nicht sofort befriedigt werden können. Werden jetzt die Bedürfnisse eines Kindes nach Nähe, Gehaltensein und Nahrung erfüllt, ist ein guter Boden für die weitere Entwicklung bereitet. Erlebt das Baby öfter, dass seine Verständigungsmöglichkeiten wie Schreien und Klagen nicht gehört und beantwortet werden, fühlt es sich zunehmend unbehaglich. Je länger das Baby nicht gut versorgt wird, desto größer ist die Gefahr von Versagens- und Angstzuständen – bis hin zur Existenzangst. Dadurch wird die seelische Entwicklung des Kindes nachhaltig gestört.

Urvertrauen, das vom ersten Lebenstag an aufgebaut werden muss, ist die Gewissheit des Kindes, dass seine Eltern mit ihm nichts Böses im Sinn haben.

Dialog ohne Worte

Es gibt von Anfang an einen wortlosen Dialog zwischen Eltern und Kind, der weit über die Erfüllung der Grundbedürfnisse wie Nahrung und Schutz hinausgeht. Wissenschaftler bestätigen, dass Erwachsene unbewusst Verhaltensmuster an den Tag legen, mit denen sie die Kompetenzen von Säuglingen unterstützen. Diese Muster sind nicht auf die Mutter beschränkt, sondern auch bei Vätern und anderen Bezugspersonen zu finden und außerdem auf der ganzen Welt gleich: Schreit ein hungriger, übermüdeter oder übererregter Säugling, nehmen ihn die Eltern auf den Arm, lehnen seinen Oberkörper an ihre Schulter, beruhigen ihn mit langsamer, sanfter, tiefer Stimme. Sie tragen das Kind, streicheln es rhythmisch oder tätscheln seinen Rücken. In der Regel beruhigt sich der Säugling rasch – das Verhalten der Eltern hat ihm den Übergang zu einem erholsamen Schlaf oder aufmerksamen Wachzustand deutlich erleichtert.

Säuglingsgeschrei – Alarm für die Umwelt

Wenn Babys schreien, reagieren Erwachsene auf der ganzen Welt gleich.

››Daniel, ein fünfmonatiger Junge, leidet noch immer an den berüchtigten Dreimonatskoliken. Seine Mutter, Frau Moser, berichtet über anhaltende chronische Unruhe und unerklärbare Schreiattacken. »Manchmal schreit er nach dem Stillen derart, dass ich fürchte, nicht genug Milch zu haben. Daniel trinkt sehr langsam und so angestrengt, dass sich sein Gesicht anspannt, die Fäustchen fest verkrampfen und er keinen Blick für mich übrig hat«, erzählt sie deprimiert. Ihr Nachtschlaf wird durch wiederholte Schreiattacken gestört, wobei Daniel vier bis fünf Stillmahlzeiten in der Nacht verlangt und nur im Bett der Eltern wieder einschläft. Dass er seinen Blick von ihr abwendet, verunsichert Frau Moser zutiefst; sie erlebt die geballten Fäustchen so, dass Daniel mit ihr böse ist und sie ablehnt. »Auch zwischen den Mahlzeiten bin ich pausenlos im

Anregen oder beruhigen – so geht's!

So steigern Sie die Aufmerksamkeit Ihres Säuglings:
- Massieren Sie den Körper mit den Fingerspitzen in kurzem, schnellem Rhythmus von unten nach oben.
- Sprechen Sie mit ansteigender Sprechmelodie, hoher Stimmlage und stakkatoartigen Worten.

So senken Sie die Aufmerksamkeit Ihres Säuglings:
- Streicheln Sie den Körper mit der Handfläche in langem, langsamem Rhythmus von oben nach unten.
- Sprechen Sie mit fallender Sprechmelodie, niedriger Stimmlage und langsamem Tempo.

Einsatz – dann trage ich meinen schreienden Sohn durch die Wohnung oder hüpfe auf einem Gymnastikball herum, um ihn zu beruhigen.« Chronische Erschöpfung und Schlafdefizit haben bei Frau Moser zu einer akuten Krise geführt: »Der Alltag wächst mir über den Kopf. Ich fühle mich ohnmächtig und verzweifelt. Manchmal möchte ich Daniel am liebsten an den Nächstbesten auf der Straße loswerden«, verrät sie voller Schuldkomplexe. «

Wenn Säuglinge schreien, so stellt dies für die Umwelt ein Alarmsignal dar.

Der Kreislauf negativer Gegenseitigkeit

Schreien, Schlaf- und Fütterstörungen gehören zu den häufigsten Problemen in kinderärztlichen Praxen; sie betreffen bis zu einem Viertel aller ansonsten gesunden Säuglinge. Säuglingsgeschrei ist biologisch darauf angelegt, die Umwelt in Alarmbereitschaft zu versetzen. Keinen Erwachsenen lässt das kalt. Markerschütterndes unstillbares Geschrei belastet Mütter und Väter zutiefst. Eltern, die sich wiederholt erfolglos bemühen, ihr Baby zu beruhigen, bekommen Ohnmachts- und Versagensängste. Sie sind häufig chronisch erregt, leiden unter Schlafentzug und Erschöpfung. Viele Mütter fühlen sich auf Dauer tief ge-

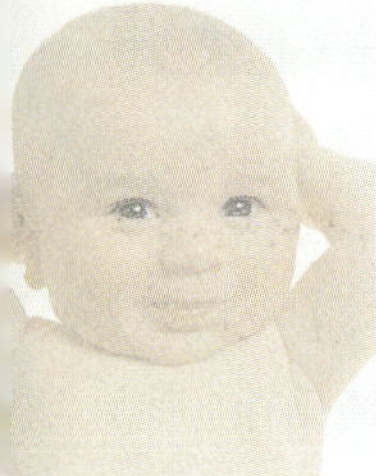

kränkt; werden nicht selten apathisch oder depressiv. Auch kann die Erregung der Eltern plötzlich in schwer kontrollierbare, ohnmächtige Wut mit Aggressions- oder Fluchtfantasien umschlagen. Bekommen Eltern von ihren Säuglingen hauptsächlich solche negativen Signale, so werden ihre natürlichen Elterninstinkte auf Dauer derart nachhaltig blockiert, dass sie den Dialog mit dem Baby selbst dann vermeiden, wenn dieses ruhig und aufnahmebereit wäre. Der Kreislauf der negativen Gegenseitigkeit hat begonnen.

Psychologische Beratungsgespräche können bei der Erziehung sehr hilfreich sein.

Professionelle Hilfe

Nachdem Frau Moser Daniel in einem Kinderzentrum untersuchen ließ, stellte sich heraus: Daniel leidet unter verschiedenen Reifungsverzögerungen, die sich in seinen Schreianfällen äußern. Krankengymnastik für das Kind und psychologische Beratungsgespräche für die Eltern haben dazu beigetragen, dass sich die Situation grundlegend verbessern konnte. »Das alles war für mich letztlich sehr entlastend«, erzählt die Mutter. Weil Frau Moser jetzt viel gelassener mit Daniel umgehen kann und ihn nicht mehr unbewusst bedrängt, entspannt sich die Situation. »Ich merke, dass er zunehmend ruhiger und friedlicher wird. Und ich habe jetzt gar nicht mehr das Gefühl, dass er mich ablehnt.«

Schon Säuglinge prüfen ständig ihre Grenzen: durch Kopf- und Schulterheben und Rollversuche.

Säuglinge kann man nie zu sehr verwöhnen

In der zweiten Hälfte des ersten Lebensjahres beginnt die Differenzierung. Das Kind fängt an durch Blickkontakt die Welt zu erkunden. Es stemmt sich auf Mutters Arm ein wenig ab, betrachtet ihr Gesicht, um zu sehen, wie sie darauf rea-

Schreibabys – viele Faktoren treffen zusammen

- Oft lassen sich keine einfachen ursächlichen Gründe für das Schreien erkennen. Meist kommen mehrere körperliche, psychische und soziale Faktoren zusammen. Bei zwei Dritteln war z.B. die Schwangerschaft von großen mütterlichen Ängsten und chronischem Stress geprägt.
- Koliken, Blähungen oder Probleme der Verdauung waren die Ausnahme. Störungen bei der Reife (Aufmerksamkeit, Aktivitäten) bzw. des Schlaf-Wach-Verhaltens (Überreizung, Schlafdefizit, Abschalt- und Einschlafprobleme) waren dagegen regelmäßig vorhanden.
- Viele Mütter waren in ihrer eigenem psychischen Befindlichkeit und gefühlsmäßigen Einstellung zum Kind beeinträchtigt. Sie schätzten sich fast ausnahmslos als hochgradig erschöpft und überlastet, depressiv, überfordert, frustriert oder ängstlich-überfürsorglich ein.
- Das Schreiproblem ging oft Hand in Hand mit Partnerschaftskonflikten und Konflikten mit den eigenen Eltern/Schwiegereltern einher.
- Viele Mütter verhielten sich ihrem Kind gegenüber sehr zwiespältig: einerseits ausgesprochen fürsorglich, andererseits desinteressiert oder sogar aggressiv.

Quelle: Münchener »Sprechstunde für Schreibaby«

giert. Dies ist auch die erste Bewährungsprobe für die Möglichkeit der Mutter, ihr Kind »lassen« zu können. Überängstliche, klammernde Mütter geben ihren Kindern wenig Spielraum. Das lässt sich leicht an der Art, wie sie ihr Baby tragen, beobachten. Sie interpretieren die ersten Entdeckungsversuche falsch und haben Sorge, dass das Wegstemmen gegen sie selbst gerichtet ist. So glauben sie dann, ihr Baby ganz fest an sich drücken zu müssen und umklammern es förmlich.

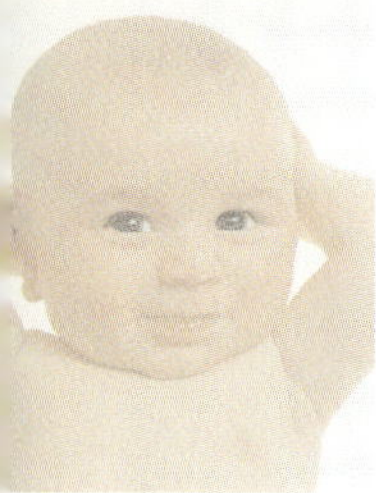

»Frau Scholz wollte Beate von Anfang an nicht verziehen und gewöhnte das Kind an einen festen Ernährungsplan. Wurde es außerhalb der »üblichen Zeit« unruhig, dann musste es warten, bis »es Zeit war«. Die Fütterung vollzog sich »äußerst praktisch«, denn die Mutter erledigte in dieser Zeit zusätzlich andere Arbeiten, während sie das Kind im Arm hielt. Beate ist ein Kind mit unstillbarem Hunger. Sie kann nie genug bekommen an Essen und Trinken, aber auch an Aufmerksamkeit und Fürsorge. Sie wirkt wie ein Fass ohne Boden – und dieses Bild entspricht durchaus der Tatsache. Denn das Urvertrauen – mit allen Wünschen gesehen, gehört und beachtet zu werden und damit als Person wichtig genommen zu werden – ist kaum entwickelt. Leider erfährt Frau Scholz zu spät, dass es im ersten Lebenshalbjahr keine »Verwöhngefahr« gibt.«

In den ersten sechs Monaten braucht ein Kind alle Zuwendung der Welt. Es kann gar nicht zu sehr verwöhnt werden.

Die Achtmonatsangst

Die so genannte »Achtmonatsangst« ist bei denjenigen Kindern wenig ausgeprägt, die sich bei ihrer Mutter wohl und geborgen fühlen und die spüren, dass sie es zulassen kann, wenn sie sich auch für andere interessieren. Ein Kind hat angeborene Fähigkeiten, die Körpersprache von Erwachsenen zu deuten. So versteht ein Säugling seine Eltern schon weit vor der Sprachentwicklung.

Säuglinge sind ausgesprochen kompetent

Nach wie vor meinen viele Erwachsene, dass im ersten Lebensjahr außer Schlafen, Trinken, Windeln wechseln und ein wenig Spielen nicht viel passiert.

Dieser Schein trügt gewaltig! Was von außen betrachtet ruhig und gemächlich aussieht, ist im Inneren äußerst vielfältig und vielschichtig. Forschungen der letzten zwanzig Jahre zeigen, dass Kinder schon vor der Geburt Veränderungen deutlich spüren und in Belastungszeiten der Mutter mit verzögertem Wachstum reagieren. Nach den neun Monaten im Mutterleib taucht das Neugeborene auf und ist schon mit wichtigen Fähigkeiten ausgestattet. Auch wenn seine Kompetenzen erst im Laufe der Entwicklung reifen: Seine Persönlichkeit ist von Anfang an vorhanden, wobei sie genau in dem Tempo zur Oberfläche kommt, wie es das Kind verkraften kann. Mit ungeschultem Auge können wir Erwachsenen von außen jedoch kaum erkennen, wie deutlich schon Neugeborene ihren Willen kundtun.

Eltern und Kinder: Sprache ohne Worte

Man spricht vom »kompetenten Säugling«, was bedeutet, dass ein Kind vom ersten Tag an über vielfältige Wahrnehmungen und Antwortmöglichkeiten verfügt. Es hat zwar noch keine Sprache, aber es kann über den Körper Mitteilungen geben. Zwischen Mutter und Kind, zwischen Vater und Kind gibt es eine Art Sprache, die ohne Worte stattfindet, sie wird in der Fachsprache »Zeichen-Signal-Kommunikation« genannt. Ein Kind beobachtet Mutter und Vater ganz genau und kann deutlich aus Gesichtsausdruck und Körperhaltung »herauslesen«, wie es den Eltern geht – ob sie besorgt, traurig, bedrückt, fröhlich, zuversichtlich oder entspannt sind. Untersuchungen haben gezeigt, dass schon wenige Tage alte Säuglinge auf diese Zeichen der Eltern mit eigenen Signalen reagieren: etwa mit Weinen, Verziehen des Mundes, Wegdrehen des Kopfes, Stimmungsveränderung, verzögertem Trinken und schlechtem Appetit.

Ein Kind erlebt vom ersten Tag an die Beziehung zu den Eltern und tauscht sich mit ihnen aus: Es schreit, strampelt, macht sich steif oder bleibt ganz gelassen.

Wie Kinder auf unseren Gesichtsausdruck reagieren

Bei einer Untersuchung wurden Einjährige auf einen Tisch mit einer aufgemalten Vertiefung gelegt. Am anderen Ende des Tisches stand die Mutter, auf die sie zukrabbeln sollten. Die Kinder trauten sich nur dann über diese optische Klippe, wenn die Mutter ihnen

ermunternd zunickte. Schaute die Mutter gleichgültig und leer, blieben die Kinder an ihrem Platz und fingen an zu weinen. Der Gesichtsausdruck der Mutter liefert kleinen Kindern wichtige Informationen.

In Quantensprüngen zu neuen Fähigkeiten

Zwei bis drei Monate nach der Geburt erlebt ein Baby große Veränderungen; weitere, etwas kleinere Sprünge, macht es nach etwa sechs Monaten, dann zwischen dem neunten und zwölften Monat und dem fünfzehnten und achtzehnten Monat. Nach jeder dieser Umbruchphasen wirken die Kinder wie verwandelt. Sie erlangen nicht nur neue Fertigkeiten und Verhaltensweisen, sondern sind deutlicher in der Welt und haben auch ein verändertes soziales Verhalten. Aus Nichtwissen unterschätzen nach wie vor viele Eltern ihre Säuglinge. Für Förderungen ist es aber nie zu spät. Lassen Sie sich nicht von Informationen über Schädigungen verunsichern, zu denen es in bestimmten Entwicklungsphasen kommen könnte, weil Sie möglicherweise etwas unterlassen haben. Es bleibt fast an jedem Punkt der Erziehung Spielraum für Nachreifung, Entwicklung, Förderung und Entlastung Ihres Kindes.

Kinderärzte, Psychologen und Neurologen stimmen darin überein, dass in einer Art von Quantensprüngen neue Ebenen von Fähigkeiten erreicht werden.

Kinder lassen sich nicht bluffen

››Frau Strohmeier hat zwei Kinder: Daniel (fünf Jahre) und Andrea (fünf Monate). Sie klagt, dass ihre Tochter sie irritiert. »Wissen Sie, zwischendurch gönnen mein Mann und ich uns einen so genannten Eheabend. Das brauchen wir, damit wir wissen, dass wir nicht nur Eltern sind. Dem Daniel sage ich erst kurz vorher, dass Mami und Papi ins Kino gehen und die Omi zum Aufpassen kommt. Er mault dann zwar ein wenig, aber er mag seine Omi gerne und freut sich auf das Vorlesen und Singen.

Doch Andrea ist total komisch, als würde sie ahnen, dass wir weggehen. Sie ist den ganzen Tag über quengelig, unzufrieden und immer irgendwie auf der Suche. Natürlich sage ich nichts zu ihr, sie versteht das ja noch nicht. Aber stellen Sie sich vor, manchmal bekommt sie aus heiterem Himmel Fieber! Ich habe das Gefühl, dass das mit dem Eheabend zu tun hat – aber das kann doch nicht sein, sie weiß ja nichts davon!« Frau Strohmeiers Mutter, die an den Eheabenden auf die Kinder aufpasst, riet ihrer Tochter, sich aus dem Haus zu schleichen, damit die Kinder so wenig wie möglich davon mitbekämen. «

Kinder haben den »siebten Sinn«. Sie merken in jedem Alter, wenn Eltern ihnen etwas vormachen.

In vielen Familien glaubt man, kleine Kinder bekämen wenig mit und man könne sie deshalb ganz gut »ablenken« (in Wirklichkeit: täuschen) oder »austricksen« (in Wirklichkeit: anlügen). Dabei ist es von großer Bedeutung, einem Kind wichtige Dinge von Anfang an in der dem Alter entsprechenden Sprache zu erklären. Denn es erkennt rasch, wenn Erwachsene etwas verschweigen, wenn sie lügen oder etwas anderes sagen, als sie denken. So auch Andrea, die ahnt, dass am »Eheabend« etwas anders ist. Und da Frau Strohmeier sie in dieser gefühlsmäßigen Ungewissheit allein lässt, reagiert Andrea mit den Möglichkeiten ihres Alters: Sie wird unruhig, zeigt über ihre Körpersprache, dass ihr etwas Unwohlsein bereitet – ja, sie wird manchmal sogar krank! Als Frau Strohmeier klar wird, dass sie mit ihrer Haltung weder ihrem Kind noch sich selbst einen Gefallen tut, reagiert sie prompt: Ab sofort sagt sie bereits am Vortag ihren Kindern, dass beim »Mama-Papa-Abend« Oma auf sie aufpasst. Viele Eltern wollen nur »das Beste« für ihr Kind. Doch in Wahrheit stehen nicht selten auch

Kinderaugen entgeht (fast) nichts. Und was sie nicht sehen, nehmen sie atmosphärisch wahr.

Es ist nie zu früh für Erklärungen

Wenn ein Kind weiß, was auf es zukommt, kann es sich darauf einstellen. Dies verhindert zwar nicht die Enttäuschung darüber, dass Eltern etwas anderes tun, als es das Kind sich wünscht, aber diese Erfahrung kann es gut verarbeiten. Viel schlechter kommt es mit dem Gefühl zurecht, in der Luft zu hängen.

Motive dahinter. Strohmeiers sagen ihren Kinder angeblich nur nichts vom »Mama-Papa-Abend«, um sie nicht zu beunruhigen. In Wahrheit drücken sie sich jedoch vor den Konsequenzen: Die Kinder könnten traurig sein, quengeln, weinen.

Es gibt Trotz, aber es gibt kein Trotzalter

»*Frau Wagner berichtet über ihren knapp einjährigen Sohn: »Marco macht mich ganz wahnsinnig! Der robbt so flink durch die Wohnung, dass ich keine Sekunde zur Ruhe komme. Kaum lasse ich ihn einen Moment aus den Augen, schon hat er wieder etwas angestellt. Verbiete ich ihm etwas, brüllt er wie verrückt. Setze ich ihn, als letzte Rettung für uns beide, in den Laufstall, geht's erst richtig los! Er kreischt, wirft sich gegen das Gitter, versucht, seinen Kopf durchzustecken, kugelt sich auf dem Boden herum oder dreht sich wie ein Kreisel, bis mir selbst ganz schwindlig wird. Ich denke mir immer, der kann doch mit seinen elf Monaten noch nicht im Trotzalter sein!*«

Es stimmt nicht, dass zwangsläufig jedes Kind eine alterstypische Trotzphase durchmacht.

Das Trotzalter als Zeitraum gibt es nicht. Kinder reagieren oft trotzig und treiben ihre Eltern schier in den Wahnsinn. Der Grund: Sie sind (noch) nicht in der Lage, ein »Nein« oder eine andere Grenzsetzung zu akzeptieren, sie wollen oder können (noch) nicht begreifen, was geht und was nicht. Doch das hat nichts mit einem bestimmten Alter zu tun!

Das erste »Nein« – etwas Unfassbares

Marcos Bedürfnisse, die Welt zu erkunden, sind grenzenlos. Somit muss ihm Frau Wagner zu ihrer beider Schutz Grenzen setzen. Damit konfrontiert sie ihn mit etwas Unfassbarem: Die geliebte Mutter, die ihm bisher das Gefühl gegeben hat, dass sie ihn grenzenlos liebt und dass nichts in der Welt die Harmonie trüben kann, sagt »Nein«. Er interpretiert dieses »Nein« als Liebesentzug und verliert gleichzeitig sein bisheriges Gefühl der Allmacht. Verständlicherweise will er wiederhaben, was sein bisheriges schönes Weltbild war: die ihn über alles und grenzenlos liebende Mutter. Klar, dass er dafür im Rahmen seiner Möglichkeiten kämpft. Er schreit, tobt, zeigt Irritation, Missmut, Unglücklichsein. Die Mutter hat ihm Unwohlsein bereitet, und nun beginnt eine Machtprobe. Er wird versuchen, sich durchzusetzen, mit aller Macht. Steigt die Mutter darauf ein, beginnt ein jahrelanges Tauziehen.

Jetzt brauchen viele Kinder dringend Übergangsobjekte wie Kuschelbären oder Schmusetücher.

Grenzen setzen – Kontakt halten

Führen wir uns noch einmal die Situation vor Augen: Um in Ruhe den Haushalt erledigen zu können und ihn dabei in sicherer Um-

Das steckt hinter der »Trotzphase«

Zahlreiche Pädagogen und Psychologen vertraten jahrzehntelang die Meinung, dass Kinder im dritten Lebensjahr in den Entwicklungsabschnitt der Trotzphase geraten. Angeblich reagieren sie in diesem Alter zwangsläufig trotzig, wenn ihnen Grenzen gesetzt werden. Diese Phase, so hieß es, sei für das Kind notwendig, um zu einer starken und sicheren Persönlichkeit heranreifen zu können. Inzwischen ist aber auch erwiesen, dass das »Nein« eines Kindes die Reaktion auf die Erziehung der Eltern darstellt.

Die »Spielzone« des Kindes sollte nah am häufigsten Arbeitsplatz der Mutter sein.

gebung zu wissen, setzt Frau Wagner Marco zeitweise in einen Laufstall. Würde sie dies nicht tun, käme sie ziemlich unter Druck. Unruhe, Unzufriedenheit, Nervosität, schlechte Laune wären mögliche Folgen. Vieles würde erst erledigt werden können, wenn das Kind abends im Bett ist und die Mutter eigentlich Zeit zum Auftanken bräuchte. So etwas zehrt an Kräften und Nerven.

Eine mögliche Konsequenz: Frau Wagner macht Marco innerlich dafür verantwortlich, zu wenig Schlaf, Erholung und Zeit für sich selbst zu haben. Das kann so weit führen, dass sie beginnt, ihr Kind, das ihr das Leben so schwer macht, abzulehnen.

Mit dem Kind sprechen

Klarheit schafft Frau Wagner, wenn sie Marco sagt, was sie vorhat: »Marco, ich werde jetzt bügeln. Hier, an diesem Platz, kannst du jetzt sein. Ich bin da, und du kannst mich sehen.« Auf diese Weise hat die Mutter eine Grenze gesetzt, ohne Kontakt und Beziehung zu ihrem Kind abzubrechen. Marco spürt, dass seine Mutter weiß, was sie will. Vielleicht kann sie ihm eine Geschichte erzählen, während sie ihre Arbeiten erledigt. Marco wird erleben, dass die Mutter ihm zwar eine Grenze setzt, jedoch nicht aus der Welt ist. Sie bricht die liebevolle Beziehung nicht ab. Auch hier gilt: Sie muss mit ihrem Sohn reden.

Brechen Sie den Sichtkontakt zu Ihrem Schützling nicht ab, wenn Sie mit etwas beschäftigt sind.

Es gibt auch Situation, die sich nicht gut anfühlen

Legt Marco dennoch Protest ein, kann die Mutter dies sprachlich begleiten: »Ich sehe, dass dir das jetzt nicht gefällt. Trotzdem musst du jetzt hier so lange bleiben, bis ich mit der Arbeit fertig bin.« Indem sie seinen Protest in Worte kleidet, bietet die Mutter Marco eine Brücke, eine Hilfe an. Er spürt Unwillen, aber weiß nicht warum. Dadurch, dass die Mutter sein Gefühl in Worte fasst, kann auch Marco dieses begreifen, selbst wenn er die Bedeutung der Sätze noch nicht ganz versteht. Geht sie weiter ihrer Beschäftigung nach, ohne sich um Marco zu kümmern, wird er vermutlich weiter protestieren, bis es zur Eskalation kommt, die beiden Stress bereitet. Kinder lernen: Eine Situation, die sich nicht gut anfühlt, kann in Worte gefasst werden. Somit darf sie sein.

Jedes Kind kommt mit angeborener Neugier und der Lust zum Lernen zur Welt – was bereit gestellt werden muss, ist ein ansprechendes Umfeld.

Emotionale Intelligenz entwickelt sich früh

Eigene Gefühle zu verstehen und steuern zu können oder sich in andere Menschen einzufühlen, ist für ein gelungenes Leben unerlässlich. Damit sich diese Fähigkeiten gut entwickeln können, muss das Umfeld stimmen. Eltern, die ihrem Kind eine gute Atmosphäre für die angeborene Neugier und Lust am Lernen bieten, schaffen die Voraussetzung für soziale Kompe-

Passivität beschwört Konflikte herauf

Manche Eltern stecken den Kopf in den Sand, wenn sie sehen, dass sich ihr Kind unwohl fühlt. Sie tun so, als bemerkten sie nicht, wenn es quengelt oder provoziert, um seine Unzufriedenheit zu zeigen. Sie haben bewusst oder unbewusst Angst davor, eine unangenehme Situation anzusprechen. Denn dann müssten sie handeln, den Zustand ändern, was oft unbequem ist. Um dem aus dem Weg zu gehen, betreiben sie Vogel-Strauß-Politik, womit weder ihnen noch dem Kind geholfen ist. Eine solche Passivität provoziert nur weitere Konflikte.

tenz. Und in mancher Nervensäge kann ein hoch begabtes Kind stecken, das auf der ständigen Suche nach neuen Anreizen, nach Herausforderungen für Herz und Hirn nicht genügend »Futter« bekommt.

Einige Eltern sind der Ansicht, dass getreu der Redensart »Der Apfel fällt nicht weit vom Stamm« Vererbung auch die Intelligenz und die Denkfähigkeit bestimmt. Andere wiederum sind davon überzeugt, dass die Umwelt die Intelligenz bestimmt – »Niemand wird weise oder klug geboren.«

Die Entwicklung geistiger Fähigkeiten hängt davon ab, ob ein Kind ausreichend »Futter« geboten bekommt und danach genügend oft wiederholen und üben kann.

Umwelt und Veranlagung spielen eine Rolle

Begabte Menschen sind keine Intelligenzbestien, sondern Menschen, bei denen das Zentralnervensystem mit den einzelnen Nerven so gut vernetzt ist, dass es ohne Zeit- und Streuverluste Informationen weiterleitet. Die Fähigkeit zum vernetzten Denken wird weitgehend schon in den ersten Lebensjahren aufgebaut.

Das bedeutet für Eltern, dass es von ihren Angeboten abhängt, ob und wie ein Kind seine Fähigkeiten ausbilden kann. Das geeignete Lernumfeld, aber auch die sozialen Kontakte und das Ausmaß an Kommunikation entscheiden darüber, in welchem Ausmaß Vernetzungen im Gehirn stattfinden können.

»*Frau Wagner spielt mit ihren Kindern. Der vierjährige Frederic soll ein Puzzle legen, wozu er offensichtlich keine Lust hat. »Sehen Sie«, beschwert sich Frau Wagner, »so ist es immer! Wenn ich mir die Zeit nehme und mit ihm spiele, dann boykottiert er mich!« Währenddessen krabbelt Vanessa wiederholt auf den Wohnzimmerschrank zu, um dort zu erkunden, was es alles zu sehen gibt. Frau Wagner, mit Frederic beschäftigt, zieht sie, ohne sie anzusehen, immer wieder in die Mitte des Wohnzimmers zurück – wo es nichts zu sehen, zu entdecken, auszuprobieren gibt.*«

So wichtig sind Wiederholungen

Manche Eltern sind ziemlich genervt, wenn ihr Baby zum hundertsten Mal dasselbe Spiel spielen will. Es wirft einen Gegenstand hinunter und möchte, dass wir ihn aufheben, und es hat unendliche Ausdauer für simples Versteckspiel (Guck-guck!). Was uns Erwachsene relativ bald auf den Nerv geht, hat für das Kleinkind durchaus Sinn! Forscher haben ermittelt: 20 000 bis 100 000 Wiederholungen sind notwendig, bis im Gehirn ein Bewegungsmuster gespeichert ist.

Vanessa fehlen Erfahrungsanreize, Möglichkeiten zum Ausprobieren und Üben. Frederic wird nur das wirklich lernen, wozu er auch Lust hat. Mit ihrem Verhalten erreicht die Mutter das Gegenteil von dem, was sie eigentlich will: Die Tochter bekommt Lernanreize vorenthalten, der Sohn erlebt Spiel als Plage und Lernen als Überforderung und Grenzüberschreitung.

Warum Blickkontakt wichtig ist

Blickkontakt ist für den frühen Dialog zwischen Eltern und Kind von zentraler Bedeutung. Aber Neugeborene sind hier noch sehr eingeschränkt: Ihre Augen- und Kopfbewegungen sind noch unkontrolliert, sie sehen nur in einer Entfernung von gut 20 Zentimetern einigermaßen scharf und dies nur im Zentrum des Blickfeldes. Selbst Eltern, die dies nicht wissen, handeln instinktiv meist richtig, indem sie ihr Baby mit typischen Rufmelodien und Schnalzlauten locken und sich unmittelbar seinem Gesichtsfeld nähern. Babys, die Blicke, Lächeln und warme Worte der Eltern vernehmen, zeigen, wie wohl sie sich fühlen. Die Eltern wiederum sehen sich durch den vergnügten Säugling in ihrem Selbstwertgefühl gestärkt.

Der »Kreislauf positiver Gegenseitigkeit«: Eltern und Kind fühlen sich miteinander wohl.

Zweites und drittes Lebensjahr

Für dieses Alter gibt es verschiedene Bezeichnungen. Sigmund Freud hat es als »anale Phase« oder Afterphase bezeichnet. Andere nennen diese Zeit »handelnde Phase« oder, unter dem Beziehungsaspekt, »Loslösungs- und Individuationsphase mit Wiederannäherung«. Entscheidend ist, was in diesem Abschnitt in der Entwicklung des Kindes vorgeht und was sein Verhalten bestimmt. Nachdem es sich jetzt aufrichten, laufen und damit die Umwelt erkunden kann, wird es zum »Forscher« – es bricht zur Welterfahrung auf.

Um jedoch den Schritt in die große, weite Welt wagen zu können, braucht es ein »Übergangsobjekt«, das ihm gefühlsmäßige Sicherheit vermittelt – eine Art von Ersatznabelschnur zur Mutter, also ein Symbol für das Gute, Sichere, Geborgene.

Kuscheltiere – Helfer beim Aufbruch in die Welt

» *Wenn Norbert mich ganz arg nervt, drohe ich ihm, seinen Schmusebären zu verstecken. Das ist die einzige Möglichkeit, ihn dazu zu bringen, dass er brav ist.» Als Frau Hager dies berichtet, scheint sie sogar noch stolz auf ihre Erkenntnis zu sein – leider scheint sie nicht zu wissen, was sie ihrem Sohn durch diese Aussage androht: Denn letztendlich sagt sie ihm: Wenn du nicht so bist, wie ich dich haben will, werde ich dir das Liebste wegnehmen, das du hast – nämlich mich.* «

Gerade, wenn sich Kinder unabhängig machen, brauchen sie besonders viel Zuwendung.

Der Schmusebär ist für Norbert das Übergangsobjekt, er ist Sinnbild für Urvertrauen, Sicherheit und Zuverlässigkeit – also für die »gute Mutter«. Norbert braucht wie alle Kinder ein solches Symbol, um den lebensnotwendigen Entwicklungsschritt zu seinem Aufbruch in die Welt vollziehen zu können. Dies erinnert an das Kinderlied vom »Hänschen klein«, in dem die Problematik dieser Phase deutlich wird: »Aber Mutter weinet sehr, hat ja nun kein Hänschen mehr – da besinnt sich das Kind, kehrt nach Haus geschwind.« Vielen Müttern (weniger den Vätern, die eine andere emotionale Einstellung zu ihren Kindern, besonders zu ihren Söhnen, haben) macht es tatsächlich Angst, wenn ihre Kinder flügge werden. Dazu kommt, dass sie sich dieser Angst vor Verlust nur selten bewusst sind und stattdessen alle möglichen Begründungen parat haben, weshalb ihr Kind noch nicht bereit sei, eigene Wege zu gehen.

Mütter mit Klammergriff, Besitzdenken und Verlustangst tun sich in dieser Zeit besonders schwer.

Das Hochgefühl der ersten Entdeckungsreisen

Die Erkundung der Welt geht Hand in Hand mit einer inneren Ablösung, bei der das Kind seinen eigenen Willen entdeckt und ihn in die Tat umsetzen möchte. Manche Mütter reagieren mit Drohungen, andere mit Druck und Androhung von Liebesentzug

Die Allmacht unterstützen …

Ein Kind in diesem Alter ist verliebt in seine eigenen autonomen Möglichkeiten. Es ist begeistert von seiner Größe und Allmacht und braucht ganz viel Bestätigung und die Möglichkeit, immer wieder an der emotionalen Zapfsäule – der Mutter – auftanken zu können. Bekommt es diese Bedürfnisse verweigert, wird das Kind unsicher und ängstlich, zieht sich zurück und traut sich nichts mehr zu. Auch in dieser Phase ist es ganz wichtig zu beachten, dass Kinder die Botschaft hinter der Botschaft erspüren. Im Klartext heißt dies: Geben Mutter oder Vater Doppelbotschaften, wird das Kind verunsichert und richtet sich letztendlich nach dem, was die eigentliche untergründige und emotionale Botschaft ist.

(»Wenn du nicht lieb bist, darfst du nicht auf Mamis Schoß!«) oder setzen auf die Mitleidstour (»Da wird die Mami aber traurig, wenn du so weit weg gehst!«). Dabei löst es im Kind wunderbare Hochgefühle und Aufregungen aus, wenn es seine Möglichkeiten erproben kann – Gefühle, die es braucht, um auch im weiteren Leben mit Freude und Zuversicht, Mut und Kraft »in die Welt« zu gehen und seinen Weg zu finden.

Wenn Sprache und Botschaft nicht übereinstimmen

Im Kindergarten lernt man neben neuen Regeln und Grenzen auch, sich von den Eltern zu lösen und relative Selbstständigkeit zu erproben.

» Wenn Florian in den Kindergarten soll, geht das Theater los, es beginnt beim Wecken. Da schaut er mich mit leidvollen Augen an und fragt: ›Mami, darf ich heute bei dir bleiben?‹ Er kann kaum etwas frühstücken, und ich schleppe ihn mehr oder weniger hin. Er weint und klagt, und ich habe ein furchtbar schlechtes Gewissen. Eigentlich könnte er ja auch zu Hause bleiben, ich bin wirklich wahnsinnig gerne mit ihm zusammen. Und zugegeben: So toll ist dieser Kindergarten wirklich nicht. Ich finde, die Erzieherin ist unpersönlich und streng. Sie erkennt nicht, welchen Schatz ich ihr da bringe. Aber ich tröste ihn und sage: ›Du musst jetzt in den Kindergarten – alle Kinder gehen in den Kindergarten. Ich hole dich ganz pünktlich wieder ab.‹ «

Florians Mutter sagt zwar, dass ihr Sohn in den Kindergarten gehen soll. Aber sie meint, dass er zu Hause besser aufgehoben wäre. So reagiert Florian völlig richtig auf die eigentliche Botschaft der Mutter, die da lautet: »Bleib bei mir, ich lasse dich nicht gerne gehen.« Nachdem ihr im Elterngespräch ihre wirkliche innere Haltung klar wird und sie die Gründe für ihre Ablösungsangst erkennt, verändert sich Florians Verhalten, obwohl sich äußerlich nichts geändert hat. Die Zärtlichkeit mancher Eltern nimmt mit dem Unabhängigkeitsbestreben des Kindes ab. Doch gerade jetzt braucht es viel emotionale Kraft. In dieser Zeit ist es eine besondere Aufgabe für beide Seiten, das rechte Maß an Grenzsetzung, Fürsorge und Zärtlichkeit zu entwickeln.

Lauert die drohende, weinende oder traurige Mutter im Hintergrund, ist es für ein Kind sehr schwer, seine Ziele in die Tat umzusetzen.

Es werden auf allen Ebenen Weichen gestellt

Ein Kind zeigt sehr klar, was es will und was nicht. Jetzt kommt es zur »Feuerprobe«: Verläuft die Entwicklung freudvoll und aufregend oder einschränkend und beengend? Das gilt für alle Bereiche – ob auf körperlicher, geistiger oder seelischer Ebene! Auf körperlicher Ebene erproben Kinder ihre Beweglichkeit und Kraft und entwickeln die notwendige Geschicklichkeit, die sie für ihre Erkundungen brauchen. Wer aufgrund von Krankheit oder anderen Einschränkungen nicht die Grundlagen für Zutrauen und Mut bilden konnte, wird vielleicht auch als Erwachsener körperlich eher zurückhaltend und ängstlich agieren. In dieser Zeit fühlt sich Ihr Kind wie ein kleiner König oder eine kleine Prinzessin, es braucht das Gefühl, etwas Besonderes zu produzieren und einzigartig zu sein. Loben und bewundern Sie es, geben Sie ihm Bestätigung – dies gehört zu dieser Phase. Es kommen noch ganz andere Zeiten, in denen Ihr Kind auf »Normalmaß« schrumpft.

Ausscheidung als Sensation

Wie »anale Phase« schon sagt, richten sich Sensations- und Lusterleben jetzt auf den Afterbereich. Was aus dem Kind herauskommt, wird hoch besetzt, hat es doch etwas ganz Besonderes produziert. Viele Kinder sind fasziniert von ihrem Stuhlgang und geben Lustschreie von sich, wenn sie ihr »Produkt« entdecken. Manche Kin-

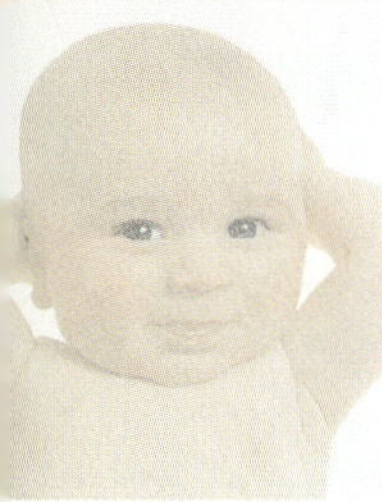

der verwenden Kot zum Entsetzen der Mutter auch als Malgrundlage. Doch wer weiß, dass die Ausscheidung jetzt für das Kind etwas ganz Besonderes ist, kann damit anders umgehen als eine Mutter, die meint, ihr Kinder sei ein besonderes Ferkel. Deren Kind wird ausschließlich mit der Tatsache konfrontiert werden, dass Kot stinkt. Kinder, die in dieser Zeit Störungen in der Entwicklung erleben, haben später oft ein extremes Verhältnis zu Besitz, Geld, Macht und Leistung.

Um es noch einmal zu sagen: Viele Beziehungsstörungen zwischen Eltern und Kindern resultieren aus der Unkenntnis wichtiger Zusammenhänge. Es ist keine Schande, nichts zu wissen. Aber es ist verantwortungslos, mit Absicht sich selbst dann noch unwissend, also dumm, zu stellen, wenn das Leben dadurch so belastet wird, dass sich die ganze Familie unwohl fühlt. Väter und Mütter, die so vorgehen, vernachlässigen ihre Verantwortung als Eltern. Fehler zu machen, ist nicht schlimm. Schlimm ist es, aus ihnen nichts zu lernen.

Versäumnisse lassen sich nachholen

Entwicklungsbezogene Themen wie die Aufnahme der Welt durch den Mund, Selbstständigkeit und Vertrauensbildung sind nicht ausschließlich an bestimmte Altersabschnitte gebunden, sondern lebenslang von Bedeutung. Das ist eine sehr entlastende Erkenntnis: Was niemals ganz abgeschlossen ist, kann zu jedem Zeitpunkt neu entdeckt und anders gelöst werden. Eltern legen ihrem Kind zwar Steine für seine Entwicklung in den Weg, weil sie aus Unkenntnis Hilfestellungen versäumen, doch letztlich werden daraus keine Mauern und unüberbrückbare Hindernisse. Bestimmte, unbeabsichtigte Versäumnisse machen Eltern nicht lebenslang schuldig, das Kind kann auch zu späteren Zeitpunkten auf anderen Wegen »nachgefüttert« werden.

Viertes bis sechstes Lebensjahr

Ödipus, der sagenhafte König von Theben, ist eine der tragischsten Figuren der Weltliteratur. Dass er noch ein wenig berühmter ist als manch anderer Sagenheld, hat er vor allem Sigmund Freud zu verdanken, er hat die »ödipale Phase« und den Ödipuskomplex in die Psychologie eingeführt.

Das Kind lernt, dass die Eltern nicht als echte Liebespartner zur Verfügung stehen

Es dreht sich in diesen Jahren sehr viel um die Liebesbeziehung des Kindes zu seinen Eltern. Jetzt wirbt es heftig um den andersgeschlechtlichen Elternteil, seine kindliche Liebe vermischt sich mit sexuellen Gefühlen. Nun muss das Kind lernen, dass seine Eltern nicht als echte Liebespartner zu haben sind. Kann es sich jetzt mit dem gleichgeschlechtlichen Elternteil identifizieren, wird es sich auch seiner eigenen Geschlechtlichkeit bewusst. Jetzt verfügt das Kind über entsprechende körperliche, geistige und seelische Kräfte und kann seinen Aktionsradius auf verschiedenen Ebenen erfühlen, erkunden, erproben, erweitern und auch erkämpfen. Es rennt, hopst, hüpft, springt, klettert, lernt Rad fahren, mit der Schere umgehen und seine Schnürsenkel binden. Klar, dass sich jetzt auch die Anlässe für Konflikte häufen.

Es tut Kindern gut, sowohl »väterliche« als auch »mütterliche« Erziehungsmaßstäbe zu haben, um gesund aufzuwachsen.

Die schwierige Balance zwischen Fürsorge und Freiheit

»*Kevin rast durch die Gegend, als habe er einen Motor in sich. Immer unterwegs sein, alles sehen, alles ausprobieren, alles berühren! Manchmal wird mir schon vom Zusehen schlecht.*« Frau Wagner hat hochro-

te Wangen, so als ob die Dynamik ihres Sohnes ihr eigenes Blut in Wallung bringt. »Bei seinen Aktionen geht einiges zu Bruch. Das Problem ist, dass er alles alleine machen will. Er sagt: ›Mama, ich kann das‹ und will mit dem Hammer Nägel in ein Brett schlagen, mit dem Fleischmesser beim Kochen die Zwiebeln klein schneiden. Ich kann gar nicht alles aufzählen! Und wenn ich Bedenken habe und Angst kriege, schimpft er: ›Ich bin doch kein Baby mehr!‹«

Jetzt kommt es darauf an, so viel Halt und Fürsorge wie nötig und so viel Freiheit und Zutrauen wie möglich zu geben.

Es wird einem schon mulmig, wenn man sich vorstellt, wie Kevin mit dem großen Fleischermesser in seinen kleinen Kinderhänden auf eine rutschige Zwiebel losgeht. Ein Kind setzt sich aufgrund seines Bewegungs- und Erfahrungsdranges oft Gefahren aus, die es selbst nicht einschätzen kann. Da es in diesem Alter Zusammenhänge versteht und Erklärungen fordert, weshalb man etwas von ihm will, müssen ihm Grenzen anders gesetzt werden als einem kleineren Kind. Es ist in einem Alter, in dem es sehr viel fragt. Lernfähigkeit, Interesse an der Welt und Fantasie wachsen. Eltern sind gefordert, das zu beantworten, was das Kind wissen will, ohne es mit Worten zuzuschütten. Auch müssen sie erkennen, ob nicht vielleicht etwas ganz anderes hinter einer gestellten Frage steht. Eltern sind jetzt in ihrer eigenen Wahrhaftigkeit und Persönlichkeit gefordert. Denn sie müssen in dieser Zeit nicht selten ihre eigenen geistigen Grenzen erkennen.

Mit Kindern lernen

»Du, Mami, wo ist der Mond, wenn man ihn nicht sieht? Warum ist der Himmel blau?« »Papa, wieso hat Holz so komische Ringe? Warum können Vögel fliegen?« Welche Mutter, welcher Vater weiß auf diese und all die anderen berühmten Kinderfragen schon immer die richtige Antwort? Und wem schießt nicht gelegentlich der Gedanke durch den Kopf: »Mein Kind nervt mich mit seiner ewigen Fragerei!«

Wie wäre es stattdessen mit der Einstellung: »Schön, dass ich mit meinem Kind etwas lernen darf, das ich bisher noch nicht – oder nicht mehr – wusste.« Auch in der geistigen Entwicklung ist dies eine schwierige Zeit der Abwägungen. Auf der einen Seite kommt es darauf an, das Kind nicht mit Wissen zu überfüttern. Andererseits wäre es fatal, es – um im Bild zu bleiben – am gedeckten Tisch verhungern zu lassen.

Die Vorbildfunktion

Eltern klagen häufig über die geistige Faulheit ihrer Kinder: Sie seien zu bequem, um in einem Buch nachzuschlagen, wie es sich mit einer bestimmten Sache verhalte. Bei näherer Betrachtung zeigt sich dann oft, dass diese Eltern auf die Fragen ihrer Kinder kaum eingehen (»Lass diese blöde Fragerei!«), falsch antworten, um ihre Ruhe zu haben, oder die Kinder vertrösten (»Sage ich dir später!«), ohne dieses Versprechen dann auch tatsächlich einzulösen. Wer sich die Mühe macht, jetzt auf die Fragen einzugehen oder auch mal etwas nachzuschlagen, profitiert langfristig.

Kinder fragen den Erwachsenen »Löcher in den Bauch« – soweit ihnen das Fragen erlaubt wird.

Was Hänschen nicht lernt ...

Die ersten Jahre entscheiden über Neugierde, Lerninteresse, Konzentration und Aufmerksamkeit. Oft zeigt sich erst in der Schule, was versäumt wurde. Das tragische für einige Kinder ist, dass sie für etwas schuldig gesprochen werden, (»Der könnte, wenn er nur nicht so faul wäre!« »Wenn die bloß ein wenig ihren Kopf einsetzen würde, hätte sie ganz andere Noten!«) für das sie nicht verantwortlich sind. Trotzdem stimmen wir dem Spruch »Was Hänschen nicht lernt, lernt Hans nimmermehr« nicht ganz zu. Wir würden ihn gerne verändern in: »Was Hänschen nicht lernt, lernt Hans viel schwerer.«

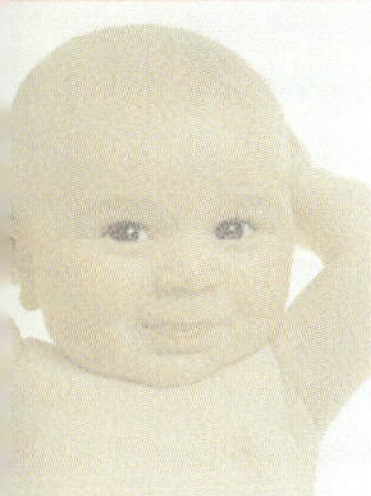

Das magische Alter

Viele Kinder haben in diesen Jahren eine rege Fantasie und erzählen von Elfen und Feen und anderen Gestalten, denen sie begegnet sind, sodass man ihnen fast glauben möchte. Dementsprechend wird diese Zeit als »Magisches Alter« bezeichnet. Erzählt ein Kind Geschichten, von denen Sie genau wissen, dass sie sich so nicht ereignet haben können, liegt es an Ihrem Verhalten, ob das Kind in dieser »Lügenbaronphase« stecken bleibt oder ob es wieder rechtzeitig zur Wirklichkeit zurückfindet. Jetzt kommt es auf Ihr Fingerspitzengefühl an: Erzählt Ihr Kind eine fantastische Geschichte, flunkert es ein wenig oder tischt es eine satte Lüge auf? Manchmal hilft es, wenn Sie Ihrem Kind sagen: »Das war jetzt eine spannende Geschichte.«

Vorsicht bei »Notlügen«: Kinder lernen am Vorbild ihrer Eltern. Leider auch dann, wenn dabei etwas herauskommt, was den Eltern nicht so gut gefällt.

Jetzt regt sich das Gewissen

Manchmal aber ist auch eine möglichst gelassene, aber klar verständliche Erklärung nötig, mit der Sie Ihrem Kind die unangenehmen Folgen einer Lüge verdeutlichen. Eltern, denen bekannt ist, dass es in diesem Alter völlig normal ist, »Geschichten zu erzählen«, können sich dies zu gegebener Zeit mit gutem Gewissen zu Nutze machen. Wenn es Ihnen selbst gelingt, bei bestimmten Anlässen in diese magischen Erzählungen einzusteigen, müssen Sie Ihrem Kind nicht mit dem Brecheisen das Tor zur Wirklichkeit aufstemmen.

In diesem Alter bildet sich auch das Gewissen aus: Dem Kind ist es jetzt langsam möglich, Gebote und Verbote auch dann zu befolgen, wenn die Eltern nicht unmittelbar anwesend sind und deren Einhaltung überwachen.

Diese Jahre sind entscheidend für das Verständnis des Kindes von sich und der Welt. Kinder orientieren sich jetzt zunehmend nach außen. Menschen und Situationen außerhalb der Familie werden jetzt immer wichtiger. Das Kind lernt nun zu verhandeln, Kompromisse zu schließen, nachzudenken und versteht, dass ein bestimmtes Handeln bestimmte Konsequenzen hat. Das sollten Sie berücksichtigen.

Eltern sind Vorbilder

»Mit dem Hute in der Hand kommt man durch das ganze Land« – grüßen Sie freundlich, wird Ihr Kind dies ebenfalls tun.

Ihr Kind schaut und hört Ihnen sehr genau zu. Die Art und Weise etwa, wie Sie über Nachbarn sprechen, wie Sie etwas fordern, das Sie gerne haben möchten, ob Sie »Bitte« oder »Danke« sagen. Es spürt auch, ob Sie Schimpfwörter durchgehen lassen, oder ob Sie sogar selbst welche gebrauchen. Messen Sie mit zweierlei Maß, wird Ihr Kind Ihnen dies vor Augen führen. Wieso sollte es beim Tischabräumen helfen, wenn Sie es für selbstverständlich halten, alles stehen und liegen zu lassen? Wieso sollte es sich dafür entschuldigen, wenn es versehentlich etwas umwirft, wenn Sie es mit: »Pass' doch auf!« anraunzen? Wieso sollte es höflich fragen: »Darf ich bitte mal durchgehen?«, wenn es »Geh weg da!« zu hören bekommt? Wieso sollte es das, was Sie tun, für wichtig halten und darauf achten, Sie nicht zu stören, wenn Sie sein Tun, meist sein Spiel, ohne Vorwarnung unterbrechen oder sagen »Spielen ist jetzt nicht so wichtig. Los, komm, einkaufen!«

Wer seinen Kindern alles erlaubt, keine Grenzen setzt, kein soziales Verhalten einübt und vorlebt, hat vielleicht kurzfristig mehr Ruhe, langfristig tut man Kindern mit dieser Haltung keinen Gefallen. Ihr Kind braucht Umgangsformen, damit es im Leben gut vorankommt. Die Eltern sind entscheidend dafür verantwortlich, dass es sie lernt. Sprechen Sie mit Ihrem Kind über Fairness, Respekt und Achtung vor den Mitmenschen. Aber was noch wichtiger ist: Leben Sie ihm diese Haltung vor – denn von Ihrem Beispiel lernt es am meisten.

Also überlegen Sie vor der Formulierung: Wollen Sie etwas von Ihrem Kind, oder bitten Sie es um etwas? Drückt das, was Sie sagen, auch aus, wie Sie es meinen?

Der Zusammenhang von Denken und Verhalten

»Denken Sie auf keinen Fall daran, Ihr Kind könnte jetzt einen Unfall haben!« Was passiert, wenn Sie diesen Satz lesen? Sie denken natürlich an einen Unfall, weil Ihr Gehirn den Befehl des Nicht-Denkens nicht aufnehmen kann. Was bedeutet dies für den Alltag? Wenn Ihr Kind auf einem Klettergerüst herumbalanciert und Sie Sorge haben, es könnte herunterfallen, wäre es völlig verkehrt, zu rufen: »Fall' ja nicht runter!« Ihr Kind versteht den Satz nur dann, wenn es sich eine innere Vorstellung vom Fallen macht. Sein Unbewusstes und sein Körper reagieren automatisch auf die Botschaft: Es wackelt und stürzt. Sagen Sie hingegen: »Pass auf dich auf!« oder »Halte dich gut fest!«, dann nimmt das Gehirn Ihres Kindes diese Botschaft auf und gibt die Signale an den Körper weiter. Untersuchungen zu Hypnose und tiefen Entspannungszuständen haben ergeben, dass unser Unbewusstes auf Verneinungen nicht reagiert.

Nicht nur das »Was« – auch das »Wie« ist wichtig

Die Art und Weise, wie wir etwas sagen, hat einen großen Einfluss darauf, was dann tatsächlich geschieht. Sagen Sie, was Sie meinen – ein paar Tipps:

Fragen setzen keine Grenzen!

»Würdest du dich bitte beeilen?«
»Könntest du jetzt bitte aufräumen?«

Dies sind falsche Botschaften. Wenn Eltern bestimmte Dinge von ihren Kindern erwarten oder wenn sie wollen, dass Aufgaben erledigt werden, dann müssen sie dies sprachlich deutlich zum Ausdruck bringen. Ein Kind kann eine Aufforderung in Frageform so nicht verstehen.

Eine Bitte sollte eine Bitte sein!

Setzen Sie das Wörtchen »Bitte« dosiert ein! Verwenden Sie es nur dann, wenn Sie auch tatsächlich eine Bitte aussprechen wollen. Der häufige Gebrauch dieses Wortes ist eine Form von Unechtheit und Verschleierung, die sich leider in unserem Sprachgebrauch eingenistet hat. Falsche Bitten sind unwahr. Wenn Sie Ihr Kind um etwas bitten, dann ist die Form gerechtfertigt, fordern Sie es dagegen auf, etwas zu tun, dann drücken Sie dies auch klar und eindeutig aus. Dann weiß Ihr Kind, was es zu tun hat, und kann entsprechend darauf reagieren. Es ist viel glaubwürdiger, eine Aufforderung mit milder Stimme ohne falsches Gesäusel zu vermitteln, als ein scharf formuliertes »Bitte« auszusprechen, das einem die Luft abschneidet.

Inhalt und Form sollen übereinstimmen!

Vermeiden Sie Doppelbotschaften. Wenn Sie verärgert sind, ist dies Ihrem Kind durch Ihre Mimik, Gestik oder Stimmlage klar. Daher sollte das, was Sie sagen, mit dem, wie Sie es meinen, übereinstimmen. Ein klares: »Ich möchte jetzt, dass du innerhalb der nächsten zehn Minuten deine Spielsachen einräumst«, ist eine eindeutige Botschaft. Bei einem »Wärst du bitte so nett und würdest deine Sachen einräumen?« kann Ihr Kind durchaus »Nein« sagen – und dann sind Sie der Dumme.

Erziehung – Gewinn für Eltern und Kind

Sie sind selbst einmal erzogen worden. Jetzt dürfen und müssen Sie erziehen. Zu diesem Zweck haben Sie sich möglicherweise mit Ratgebern zu diesem Thema beschäftigt und sich mit Experten ausgetauscht – mit Erziehern, Lehrern, Therapeuten. Mit dem gesammelten Wissen und Ihren eigenen Erfahrungen gibt es für Sie theoretisch kaum noch Geheimnisse. Sie werden, auf diese Weise optimal ausgerüstet, dafür sorgen, dass Ihr Kind allzeit gut und problemlos gedeiht. Sie wollen alles ganz anders machen, als man es bei Ihnen selbst gemacht hat, und viel besser als alle anderen Eltern sowieso. Obwohl Sie bei klarem Verstand genau wissen, dass dies Utopie ist, spukt in Ihnen, wie in den meisten Menschen, die Hoffnung herum, dass eine solche Harmonie möglich ist, wenn man mal von ein paar kleinen, aber harmlosen Eigenarten der einzelnen Familienmitglieder absieht.

Wer alles besser machen will, macht sich fertig

Ihr Kind »funktioniert«, allen Erziehungstheorien zum Trotz, keineswegs einwandfrei! Ihrer Geduld sind Grenzen gesetzt, Ihre Nerven sind angespannt, Ihr Humor lässt Sie im Stich, Ihre Energie schwindet.

Die vergebliche Suche nach der einzig richtigen Erziehung verunsichert Kinder und Eltern.

Das Fatale: Je angespannter Sie werden, desto verzwickter scheint sich die Erziehung zu gestalten. Sie fragen sich vielleicht, ob Sie auftretende Schwierigkeiten nicht als Hinweis auf Ihr Versagen als Eltern werten müssen. Dies nehmen Sie – möglicherweise unbewusst – Ihrem Kind zunehmend übel. Denn dieses nervige Etwas löst in Ihnen ein unerwünschtes und fast unerträgliches Gefühl des Versagens aus. Also geben Sie ihm die Schuld am Problem. Je länger der ganze Erziehungs-Stress dauert, desto häufiger stellen Sie sich selbst in Frage. Und irgendwann reift der Verdacht, dass Sie das Gegenteil dessen sind, was Sie einst zu sein glaubten: eine ganz wunderbare Mutter, ein besonders toller Vater. Klarer Fall: Wer sich für einen inkompetenten Versager hält, verliert sein Selbstvertrauen.

Die Sehnsucht nach guten Ratschlägen

»Sie müssen es doch wissen, Sie haben es doch studiert!« Verzweiflung spricht aus diesem Stoßseufzer von Herrn Becker. Das Gesicht des Vaters glänzt vor Eifer. Etwas verloren, mit hochgezogenen Schultern, sitzt die Mutter daneben. Sie wirkt leidend und hilflos. Die Beckers suchen Rat, sie haben Probleme mit ihren Kindern. »Es ist mir so peinlich«, sagt die Mutter, »nie hätte ich gedacht, dass ich mal jemand um Hilfe fragen muss. Wo ich doch schon so viele Bücher gelesen habe ...« »Ja«, fällt ihr Mann ihr ins Wort, »und je mehr sie liest, desto schlimmer wird es. Immer mehr verkopft sie sich.« Mit einem verlegenen Grinsen fährt er fort: »Aber dann habe ich die Sache in die Hand genommen – das hat leider auch nichts genutzt.«

Wie soll ein Außenstehender Lösungen wissen, wenn schon die Beteiligten, die sich ja gut kennen, nicht zurecht kommen?

Patentrezepte – eine brisante Angelegenheit

Vielen Eltern geht es ähnlich wie den Beckers. Sie suchen Rat in Sachen Erziehung und wünschen sich, dass ihnen ein Experte weiterhilft. Eltern, die ihre Aufgabe wirklich ernst nehmen, die es auf alle Fälle besser machen wollen als ihre eigenen Eltern, sind relativ bald am Ende ihrer Kräfte. Und dann hoffen sie auf Hilfe von außen, wünschen sich jemanden, der weiß, wie es geht, wollen Patentlösungen, die sich schnellstmöglich und praktisch umsetzen lassen. Das ist gut nachvollziehbar, das ist verständlich. Aber mit Ratschlägen ist das so eine Sache, denn wenn es um Menschen geht und diese Menschen auch noch

eng miteinander verbunden sind, dann wird die Angelegenheit brisant. Wer gute Ratschläge in Bezug auf seine Kinder umzusetzen versucht, macht meist die Erfahrung, dass sie kurzfristig zu helfen scheinen. Doch meist versagen sie im Alltag auf Dauer dann doch.

Die eine Antwort gibt es nicht

Die eine richtige Antwort auf die Frage, wie man ein Kind gut erzieht, gibt es (auch in diesem Buch) nicht. Stattdessen erfahren Sie:

- Wie Sie aus dem genervten Erziehungsalltag in ein Miteinander hineinwachsen, in dem sich alle wohl fühlen.
- Wie Sie zunehmend Freude an Ihren Kindern und am Zusammenleben mit ihnen erleben.
- Wie Sie Freude daran haben, Mutter und Vater Ihrer Kinder zu sein.

Auf die innere Haltung kommt es an

Nicht die Kinder sind schwierig, sondern bestimmte Vorstellungen von ihnen. Kinder tun, was sie tun, aber wir Erwachsenen bewerten dieses Tun. Oft sind nicht die Handlungen der Kinder das Problem, sondern die Meinung und Haltung der Erwachsenen dazu.

Eigentlich ist es ganz einfach: Verstörte Kinder werden Störkinder.

Gelingt es Eltern, sich in ihr Kind hineinzuversetzen und ihm aus diesem Verständnis heraus konsequent und eindeutig zu begegnen, gibt es nicht unbedingt weniger Konflikte, doch können die Schwierigkeiten konstruktiver gelöst werden. Es gibt eine Menge praktischer Tipps und Tricks, mit denen Eltern sich und ihren Kindern das Leben erleichtern können. Doch worauf es entscheidend ankommt, ist die innere Haltung, die wir gegenüber unseren Kindern, unserem Partner, unserer Familie an den Tag legen. Wer Angst hat zu versagen, wer nach der einzigen Wahrheit sucht, der ist unfähig, das zu finden, was in Wahrheit möglich ist. Verstörte Eltern verstören ihre Kinder.

Der Ton macht die Musik

Eine Familie ist ein Geflecht von Beziehungen. Diese Erkenntnis können Sie nutzen, wenn es gelingt, Ihre Einstellung zu bestimmten Themen zu hinterfragen und zu klären. Unwillkürlich werden dann auch die anderen Familienmitglieder eingebunden. Dazu ist es oft nicht notwendig, lange Diskussionen zu führen. Entscheidend ist Ihr Tun. Die Art und Weise, in der Sie mit sich selbst und mit Ihren Familienmitgliedern umgehen, bestimmt den Ton in der Familie.

Es ist wichtiger, wie Sie mit sich und anderen umgehen, als lange Diskussionen zu führen.

Kinder brauchen Mütter und Väter

Mit Sigmund Freud begann die Erforschung des Seelenlebens. Damit wurde der Boden bereitet für vielfältige Interpretationen – aber auch für den Aufbau von Schuldgefühlen, Erwartungsdruck und Perfektionsansprüchen. Vor allem Mütter werden heute für körperliche und seelische Probleme ihrer Kinder verantwortlich gemacht. Mütter haben scheinbar keine Chance, solchen Vorwürfen und Verurteilungen zu entrinnen. Viele Mütter können vor lauter Sorge, etwas falsch zu machen, ihre Autorität kaum mehr einsetzen. Sie wirken schwach und hilflos, stellen sich mit ihren Kindern zum Teil auf die gleiche Stufe, werden lieber zu »Freundinnen«, anstatt ihre Erziehungsverantwortung wahrzunehmen. Doch jedes Kind hat nur eine einzige Mutter – und die braucht es auch!

Viele Mütter sehen sich eher als Freundinnen ihrer Kinder.

Keine leichte Aufgabe

Mütter haben es heute sehr schwer, ihre Erziehungsaufgabe so zu erfüllen, dass sie sich und ihren Kindern gerecht werden. Allzu oft werden sie in ihrer schwierigen Aufgabe von anderen nicht nur nicht anerkannt, sondern regelrecht darin gestört.

Warum sind Mütter oft so gemein zueinander?

Wer schon mal an einem Spielplatz gesessen ist, kann ein Lied davon singen, wie gemein Mütter über andere Mütter urteilen. Hinter dem Klatsch und Tratsch steht häufig die Angst, selbst zur Zielscheibe zu werden. Mütter schützen sich oft davor, indem sie sich mit anderen zusammenschließen und eine »böse Mutter« ausmachen. Mütter geben in den meisten Fällen wirklich ihr Bestes. Was sie daher auf keinen Fall brauchen, sind Be- und Verurteilungen von außen. Was ihnen vielmehr helfen würde, sind Unterstützung, Anerkennung und Zuspruch in schwierigen Situationen.

Vor allem aber bräuchten sie die Solidarität der anderen Frauen und Mütter! Immer öfter werden Mütter für die Schwierigkeiten und Probleme in der Kindererziehung absolut und allein verantwortlich gemacht. Immer öfter müssen sie gleichzeitig erfahren, dass sie nicht einmal bei denjenigen, denen es genau so geht, Solidarität und Halt haben. Zum Schlimmsten, was Frauen Frauen antun können, gehört, dass sie sich nicht solidarisch verhalten, sondern in das Horn von Be- und Verurteilungen stoßen.

Mütter brauchen gerade in schwierigen Situationen Solidarität von anderen Frauen.

Abstand nehmen ist erlaubt

Frauen werden durch fehlende Solidarität gezwungen, wichtige Gefühle wie Wut, Ärger und Angst zu verdrängen und nicht mehr wahrzunehmen. Idealbild ist die allzeit bereite, liebende, fürsorgliche Mutter, die nur ans Seelenwohl ihres Kindes denkt und alles andere dafür aufgibt. Die Selbstliebe, die eine Frau dringend

Wo bleiben die neuen Väter?

Was Kinder ganz dringend brauchen: das Dasein und die Mitverantwortung der Väter. Von rühmlichen Ausnahmen abgesehen sind Väter auch heute noch an Erziehungsangelegenheiten größtenteils uninteressiert und körperlich und geistig abwesend. Eine Befragung des Allensbacher Institutes deckt ein enormes Missverhältnis zwischen Selbsteinschätzung der Väter und tatsächlichem Ausmaß und Dauer der Beschäftigung mit ihren Kindern auf. Daraus könnte man schlussfolgern, dass Väter durchaus um ihre wichtige Stellung und Aufgabe wissen. Fraglich bleibt, ob sie dieses Wissen in die Tat umsetzen (wollen). Dabei sind Väter so wichtig für die Orientierung, für die Entwicklung von Identität, Liebesfähigkeit und Leistungsmöglichkeiten ihrer Kinder. Kurz und gut: Kinder brauchen ihre Väter. Von Anfang an.

braucht, um eine ausgeglichene Mutter sein zu können, scheint verpönt. Wer sagt: »Mein Kind geht mir auf die Nerven. Ich brauche etwas Abstand«, wird oft schief angesehen.

Gefühle ansprechen

Wir leben unter Bedingungen, die uns nicht immer gefallen, die unsere Handlungen bestimmen und unsere Möglichkeiten einschränken. Gefühle wie Angst, Ärger, Wut, Unsicherheit und Zorn zu verbannen, sie ins Unbewusste zu sperren, hat für jeden Menschen fürchterliche Auswirkungen. Die Empfindungen sind ja nicht weg, sondern kommen, in verkappter Form an die Oberfläche.

Verdrängte negative Gefühle kehren immer wieder zurück und treiben ihr Unwesen.

Erkenntnisse über das Seelenleben sind eine Chance, schlimme Folgen für Eltern und Kind zu vermeiden. Erfährt eine Mutter, dass sie Gefühle wie die oben angesprochenen haben darf, stellt sich meist Erleichterung ein.

Erziehung – gleich anstrengend für Eltern und Kind

Nicht nur für Eltern ist Erziehung eine verantwortungsvolle und anstrengende Aufgabe, auch für Kinder ist dies sehr anspruchsvoll. Jeder Mensch, jedes Kind ist verschieden, ist ein Individuum mit seinen ganz persönlichen Eigenheiten. Manche Kinder arbeiten intensiv an der Erziehung mit, sind gut zu führen und gehen leicht auf die Angebote der Eltern ein. Es gibt aber auch andere Persönlichkeiten, die es viel schwerer haben, Hilfe anzunehmen, auf Kompromisse einzugehen, die fast immer zuerst mit dem Kopf durch die Wand gehen wollen, ehe sie begreifen, dass dieser Weg nicht funktionieren kann.

Erziehung heißt, Respekt zu vermitteln

Selbstverständlich gehört Erziehung zum Leben mit Kindern. Doch nicht in dem Sinn, dass die Kinder in Richtung der Erwachsenenwelt gezogen werden müssen, sondern, dass diese sie als Vorbilder begleiten, führen und anleiten. Erziehung bedeutet, einem Kind zu vermitteln, Grundbedürfnisse anderer zu respektieren.

Erziehung ist eine spannende, lebenslange Entwicklungsaufgabe.

Da Lernen hauptsächlich durch Nachahmung geschieht, drücken Kinder vor allem das in ihrem eigenen Verhalten aus, was sie in der Welt um sich herum erleben. Somit sind sie auch Spiegelbild unseres eigenen, uns oft nur wenig bewussten Verhaltens.

So kommt es für ein Kind oft zu einem schier unüberwindbaren Widerspruch:

- Einerseits wollen Eltern und Erzieher ihm durch Erklärungen, Ermahnungen, Hinweise und unterschiedlichste Erziehungsmaßnahmen beibringen, dass nicht nur sein eigener Wille, seine eigenen Bedürfnisse, seine eigene Wahrnehmung, sein eigener Zugang zum Leben der Nabel der Welt ist.

- Anderseits wird wir ihm durch das Verhalten Erwachsener nur allzu oft vermittelt, dass deren Wille, Bedürfnisse, Wahrnehmung und Zugang zum Leben der Nabel der Welt zu sein scheinen.

Kinder halten uns den Spiegel vor

Kinder sind so feinfühlig, dass sie häufig Widersprüche und Doppelbotschaften erspüren, die uns selbst nicht wirklich klar sind. Doch wenn wir gut hinschauen, können wir am Verhalten unserer Kinder zum Teil unsere eigene Zwiespältigkeit entdecken.
Unterschiedliche Wahrnehmungen von der Welt müssen nicht zu unüberbrückbaren Hindernissen werden. Sie können zu einer Ergänzung, Bereicherung und Vervollständigung der ganzheitlichen Wahrnehmung werden. Stellen wir uns die Welt der Farben vor: Was sich aus den Grundfarben Rot, Gelb und Blau an unendlicher Vielfalt gewinnen lässt! Oder die Welt der Töne – welche Klangkompositionen da möglich sind!

Es geht in der Erziehung nicht nur darum, die Seele der Kinder, sondern auch sich selbst zu verstehen.

Achtung vor dem Gegenüber

Wenn ein Kind die Grunderfahrung hat, dass jeder in der Familie den anderen achtet und versucht, auf den anderen einzugehen und an seiner Welt teilzunehmen, dann ist es viel leichter zu verzeihen, wenn die Verständigung an manchen Stellen nicht so gut gelingt. Es geht letztlich um die Beziehung zwischen Menschen – hier um die zwischen Eltern und Kindern.
Beziehungen sind oft gestört, aber die Gründe für Störungen werden verdrängt, verleugnet oder nicht erkannt. Statt nach diesen Gründen zu suchen, suchen viele Menschen Rezepte, andere – also auch ihr Kind – so zu ändern, dass es ihnen selbst wieder gut geht. Diese Denkweise kann nicht funktionieren.
Wer glaubt, es würde ihm besser gehen, wenn er nur sein Kind ändert, liegt völlig falsch.

Tun Sie erst einmal etwas für sich selbst

Nur, wer etwas für sich tut, kann etwas für andere tun. Nur, wer an sich denken kann, kann auch an andere denken. Nur, wer sich um sich selbst kümmern kann, kann sich auch um andere kümmern. Wer dies begreift, wer lernt, seine ausgetretenen Wege zu verlassen, wer bereit ist, die Dinge aus einem neuen Blickwinkel zu betrachten und daraus seine Schlüsse zu ziehen, kann Abschied nehmen von dem nur scheinbar entlastenden, in Wirklichkeit aber in die Irre führenden Gedanken: »Mein Kind soll sich ändern, dann geht es mir besser.« Die Erkenntnis, dass dieser Weg nicht funktioniert, ist die Chance, dass Erziehung nicht aufreibt und die letzten Nerven kostet, sondern Gewinn bringt.

Kinder gehen einem manchmal auf die Nerven. Abstand zu gewinnen ist immer wieder wichtig, um neue Kräfte zu sammeln.

Was Sie für sich tun können

Es geht in der Erziehung nicht darum, wie Sie Ihr Kind ändern sollen oder können, damit es Ihnen besser geht. Dies wäre ein falscher Ansatz! Kinder sind keine Dinge, die wir manipulieren und zurechtbiegen können. Sie sind weder kleine Erwachsene noch Prinzen und Prinzessinnen. Kinder sind normale Menschen. Wer seine Kinder verstehen lernt, hat große

So geht es Eltern besser

Es geht Eltern besser, wenn sie Folgendes begreifen:

- Warum sie immer wieder nach dem gleichen Schema wütend, enttäuscht, deprimiert reagieren, wenn dieses oder jenes passiert.
- Welche festgefahrenen Vorstellungen im Kopf ihnen das Leben schwer machen.
- Welche Schranken ihnen den Zugang zu ihnen selbst und zu ihrem Kind versperren.

Chancen, sein eigenes Verhalten so zu verändern, dass es ihm und auch den Kindern besser geht als vorher. Mütter und Väter sollten sich überlegen: »Was kann ich für mich tun, um mit meinem Kind besser umzugehen?« Erst, wenn dies gelingt, folgt die Frage: »Was kann ich für mein Kind tun?« Und dann wird der Hilferuf »Mein Kind wächst mir über den Kopf!« oft gar nicht mehr erfolgen.

Wenn Kinder zu kleinen Erwachsenen werden

In vielen anderen, vor allem so genannten »primitiven« Kulturen läuft Erziehung viel natürlicher und daher weit weniger problematisch ab als in unserer angeblich so hochkultivierten Gesellschaft. In unseren Breiten hat man oft den Eindruck, dass Kinder zwar einerseits »gewollt« sind, dass sie sich jedoch so schnell wie möglich zu kleinen Erwachsenen entwickeln sollen – angepasst, leise, problemlos. Das eigentliche Kindsein bleibt in unserer modernen Gesellschaft leider oft auf der Strecke.

Erziehung hat immer mit den Werten einer Gesellschaft zu tun.

Erziehung findet im Hier und Jetzt statt

Das wachsende Wissen über Erziehung macht es nicht unbedingt leichter. Viele Eltern werden zunehmend unsicherer in ihrer Haltung gegenüber ihren Kindern. Da sie über die Folgen bestimmter Erziehungsmaßnahmen und -stile gut informiert sind, werden sie unsicher und klopfen das eigene Verhalten nach Schwachstellen ab. Wer aber vor allem damit beschäftigt ist, Fehler zu vermeiden, übersieht, dass Erziehung im Hier und Jetzt, in Lebendigkeit und Zugewandtheit, in Liebe und Lust, in Freude und Schmerz stattfindet. Pädagogisch festgefahrene Eltern, die Angst davor haben, Fehler zu machen, gehen manchmal davon aus, jedes Problem unter Kontrolle bekommen zu müssen und für alles eine gültige Lösung parat haben zu müssen – bis hin zu der Vorstellung, es müsse doch einen Weg geben, konfliktfrei zu erziehen. Bei einer von

solchen Kraftanstrengungen geprägten Erziehungshaltung bleiben Zeit und Gelassenheit, Humor und Natürlichkeit, Spontaneität und Freiräume auf der Strecke.

Erziehung nach Plan

Ein ausgeprägter Hang zum Perfektionismus schränkt ein, weil er sich zwar nach der theoretisch besten, aber nicht nach einer praktikablen, lebensnahen Lösung ausrichtet. Er offenbart sich in Formulierungen wie: »Ich müsste …« oder »Ich sollte …«, die zur quälenden Vorstellung werden. So lenkt man die gesamte Energie auf das Vermeiden von Fehlern und nicht auf die lebendige Begegnung mit dem Kind.

Kindererziehung, die nach einem festgelegten Plan verlaufen soll, endet nicht selten in Machtkämpfen, Chaos, Ohnmachtsgefühlen und Resignation. Häufig löst diese Haltung genau das aus, was Eltern vermeiden wollen: Konflikte, Auffälligkeiten, Schwierigkeiten und Aggressionen. Wer bestrebt ist, mit dem Kopf zu erziehen statt mit dem Herzen, der erntet leicht das, wovor er sich am meisten fürchtet: herzlose Kinder.

Ein verhängnisvolles Erziehungsmotto: »Keiner soll sagen, ich habe etwas nicht bedacht, und alle sollen sehen, dass ich es besser mache«.

Herausführen, herausheben, erziehen …

Die meisten Eltern sind geprägt vom ehrlichen Bemühen, ihre Kinder wirklich gut erziehen zu wollen. Doch in diesem Bemühen steckt, wie das Wort ja schon sagt, eben auch viel Mühe und großer Ernst. In ihm zeigt sich die Anstrengung des Verstandes statt die Leichtigkeit des Herzens. Vielleicht ist dies auch nur ein »typisch deutsches« Problem, drückt es sich doch bereits in der Sprache aus: In England und Spanien etwa heißt Erziehung *education* beziehungsweise *educatión* (wörtlich: Herausführung); die französische Übersetzung von erziehen lautet gar *élever* (wörtlich: herausheben). Ein Kind zu führen oder gar zu heben, zeugt von einer ganz anderen Haltung, als es zu ziehen …

Kinder helfen, Schätze neu zu entdecken

Das Denken und Fühlen, ja, das ganze Leben der Erwachsenen ist erfüllt von Pflichten, Aufgaben, Verantwortungen – Wichtigkeiten. Kinder stellen hier eine zusätzliche Herausforderung dar. Aber sie bieten Eltern auch eine große Chance, in diesem Durcheinander Strukturen zu erkennen.

Eine Kiste mit Krempel oder ein Koffer für die Reise ins Abenteuerland – ganz wie man es sieht!

Im Zusammenleben mit ihren Kindern können Eltern Besonderheiten entdecken, die sie als Erwachsene schon längst verlernt und vergessen haben. Sie können alte Schätze wieder finden, die sie einst als Kind besessen haben oder neue entdecken, zu denen ihnen bisher der Zugang fehlte.

Hatten Sie als Kind das Glück, auf einem Dachboden oder in einem Schuppen alte Truhen, Schränke und Kästen durchstöbern zu dürfen? Alles war da, was Sie brauchten, auch wenn manches erst von einer dicken Staubschicht befreit werden oder von tief unten hervorgekramt werden musste. Doch welch ein Hochgefühl, Dingen zu begegnen, die Ihnen sehr vertraut schienen, obwohl Sie sich nicht erinnern konnten, sie jemals vorher gesehen zu haben! So oder so ähnlich wird es Ihnen ergehen, wenn Sie in die Welt der Kinder eintauchen.

Es gibt keine Patentlösung für eine »gute Erziehung.«

Warum werden Kinder überhaupt nervig?

Gibt es eine Erziehung ohne Stress? Warum werden Kinder überhaupt nervig? Wie kann man dem vorbeugen? Was können Eltern und Erzieher tun, um Konflikte auf eine Art und Weise zu lösen, die weder bei ihnen selbst noch ihrem Partner und natürlich

auch nicht beim Kind einen schalen Geschmack oder ein bitteres Gefühl hinterlassen? Zunächst einmal müssen sich alle Beteiligten klar darüber sein, dass es weder eine allgemein gültige Anleitung zu einer »guten« Erziehung noch eine perfekte Erziehungsbeziehung geben kann. Wir sind alle einer gewissen »Tagesform« unterworfen: Was uns heute leicht von der Hand geht, weil wir uns gut fühlen, macht uns morgen aus unterschiedlichsten Gründen, wie Stress im Beruf, gesundheitlichen Problemen oder Beziehungsärger, große Schwierigkeiten. Außerdem sind Menschen verschieden, ihre Lebenssituationen sind unterschiedlich. Jeder hat seine ganz persönliche eigene Geschichte mit höchst individuellen Einflüssen – seien es äußere wie soziale Herkunft, Bildung oder Beruf oder innere wie Begabungen, Erfahrungen, Wünsche oder Ängste.

Oft schieben Eltern Verantwortung an Staat, Schule oder Kirche ab.

Werteverlust macht unsicher

Dass trotzdem viele Menschen glauben, es gäbe Rezepte für die gute und richtige Erziehung, hat viel mit dem Werteverlust unserer Gesellschaft zu tun. Erziehung ist immer unmittelbar verbunden mit einer Gesellschaft und ihren Wertvorstellungen.

Wir leben in einem Zeitalter großer Veränderungen, in dem viele Menschen die Bindungen an Werte und Traditionen verloren und diese Lücke noch nicht anderweitig gefüllt haben. Veränderungen bringen aber auch Unsicherheit und Angst mit sich. In unserer Zeit wirken viele Eltern ungefestigt; traditionelle Werte und sinngebende Institutionen wie Kirche, Schule oder Staat werden in Frage gestellt. Neue Götter und Gurus werden ausprobiert, die Leere soll durch sie schnell und problemlos aufgefüllt werden. Verantwortung wird an Staat, Schule und Medien weitergereicht. Damit wird vermieden, die Verantwortung für das eigene Denken und Handeln zu übernehmen. Es fehlt an der fest verwurzelten Persönlichkeit von Eltern, die fähig sind, die eigenen geistigen, körperlichen und emotionalen Kräfte zum Wohle ihrer Kinder einzusetzen.

Die Chance des goldenen Mittelweges

Bis zur Mitte der 60-er Jahre war Erziehung mit Strenge, Autorität, Forderungen und Konsequenzen verbunden. Der 68-er Bewegung folgte die Welle der antiautoritären Erziehung. Sie versuchte, der kinderfeindlichen Erziehung zur Anpassung entgegenzusteuern. Das hatte viel Positives, letztlich aber keinen Erfolg.
Weil es kein Zurück zu den alten Werten gibt, haben wir jetzt die Chance, einen goldenen Mittelweg zu finden. Zumal die Entwicklungspsychologie mehr Erkenntnisse gewonnen hat, und wir aus den Erfahrungen der gegensätzlichen Positionen lernen können.

Nur was wir kennen, können wir verändern

»Wenn jetzt nicht bald Ruhe ist, passiert was!« Kaum hat Frau Dammann diesen Satz ins Kinderzimmer gebrüllt, schießt ihr ein Gedanke durch den Kopf: »Jetzt verwende ich schon dieselben dummen Floskeln wie meine Mutter. Und was habe ich als Kind diese blöden Drohungen gehasst!«

Vor allem, wenn Stresssituationen klares Denken beeinflussen, greifen Eltern auf solche erfahrenen Muster zurück. Denn nicht nur gesellschaftliche Bedingungen prägen das Erziehungsverhalten, sondern auch das, was uns die Vorfahren mitgegeben haben. Viel von dem, was uns unsere Eltern und andere Miterzieher vermittelt haben, bereitet uns Schwierigkeiten – oft ein Leben lang. Die durch Erziehung übertragenen Vorurteile und Glaubensmuster bestimmen bewusst und unbewusst unsere Meinung über uns und andere, sie legen häufig unsere ganze Weltanschauung fest. Diesen Einflüssen zu entrinnen gelingt nur, wenn wir sie uns bewusst machen und wenn wir es schaffen, zu erkennen und zu entscheiden, ob wir das, was scheinbar unser Schicksal ist, wirklich so wollen.

Einsicht allein genügt nicht: Nichts ändert sich von selbst.

Einsicht – erster Schritt auf einem langen Weg

»Psychologie ist für mich das Allerletzte«, murmelt Herr Becker und blinzelt dabei vorsichtig schuldbewusst zu mir herüber. »Und doch sind Sie da«, antworte ich. »Ja, mir bleibt kein anderer Ausweg. Meine Kinder gehen mir total auf die Nerven, und ich habe Angst, dass ich irgendwann durchdrehe und nicht mehr Herr meiner Sinne bin. Und ich will nicht, dass ein Unglück passiert!« Herr Becker ist wirklich verzweifelt.«

Konflikte entstehen im Miteinander. Niemals ist nur einer schuld daran. Wenn es in der Familie zu Schwierigkeiten kommt, bei denen die Nerven blank liegen, sollte man genau überlegen, wer welche Anteile an diesen Schwierigkeiten hat. In der Position des Außenstehenden, etwa bei Streitigkeiten im Bekanntenkreis, wissen wir scheinbar genau, was der Einzelne tun oder sagen müsste, damit sich die Lage entspannt. Doch sind wir selbst in einer ähnlichen Situation, fällt uns oft nichts anderes ein, als in altbekannte Muster zu verfallen. Hier setzt Psychologie an. Sie erforscht gewissermaßen die Logik der seelischen Vorgänge in uns. In diesem Sinne Einsicht zu gewinnen, bedeutet, zu wissen und zu verstehen, warum etwas so ist. Aber Vorsicht: Einsicht ist nur ein erster Schritt – sie ist noch keine Lösung! Sie ist Vorbereitung auf das, was dann folgen muss, nämlich den eigentlichen Weg zu gehen.

Verständnis für sein Gegenüber aufzubringen, heißt nicht, dass man auch mit allem einverstanden ist.

Verstehen heißt nicht, immer einverstanden zu sein

Eltern sind oft der Meinung, ein Problem werde bereits durch das Verstehen gelöst, wie es zu Stande kam. Und dann ist die Enttäuschung groß, wenn sich nichts verändert.

Es gibt einen ausschlaggebenden Unterschied zwischen Verstehen und Einverstanden sein.

Wer etwas versteht, damit aber nicht einverstanden ist, hat die Aufgabe, etwas zur Veränderung beizutragen. Die Fantasie, dass sich von alleine etwas ändert, dass wir nicht selbst aktiv werden müssen, dass wir Anstrengungen vermeiden können, die jede Änderung mit sich bringt – das sind die Hauptprobleme der Erziehung, ja der gesellschaftlichen Situation überhaupt.

Eltern, die sich als »ausreichend gut« empfinden, setzen sich nicht dem Druck aus, »alles richtig« machen zu müssen.

Unrealistische Ziele machen unglücklich

Das Leben wird für alle Beteiligten besonders schwierig, wenn jemand mit Scheuklappen auf ein Ziel losgeht – wenn er sich beispielsweise das hehre Ziel setzt, immer und jederzeit eine perfekte Mutter oder ein toller Vater zu sein. Solche abstrakten, nur sehr schwer fassbaren Ziele verstellen den Blick auf die vielen kleinen Alltagssituationen, in denen man sich wohl fühlen kann. Wer so unrealistische, unrealisierbare Ziele hat, wird wahrscheinlich unglücklich; denn diese Ziele lähmen. Es gibt so viele kleine konkrete Schritte und alltägliche Augenblicke, die Gelegenheit geben, lebendig zu sein. Lebendig sein heißt, sich auf das einzulassen, was jetzt im Moment geschieht, Erfahrungen zu machen, zu lernen, auszuprobieren, zu fühlen, wie es einem dabei geht – und sich dabei die Erlaubnis geben, den Heiligenschein der »perfekten« Mutter, des »tollen« Vaters abzulegen. Das kann sehr befreiend sein.

Niemand kann immer alles richtig machen. Das Mögliche immer wieder zu versuchen, darauf kommt es an.

Ausreichend gut sein, strengt auch an

»Ich wollte alles gut und richtig machen – und jetzt?!« In diesem Satz steckt eine ungeheure Überforderung und Selbstüberschätzung. »Immer alles gut und richtig zu machen«, ist eine der geistigen Verirrungen

unserer Zeit: der Glaube an die absolute Machbarkeit. Eltern sind meist irritiert, wenn sie hören, es sei schon ganz viel, eine »ausreichend gute Mutter« oder ein »ausreichend guter Vater« zu sein. Erleichtert stellen sie irgendwann fest: »Ausreichend gut – na, das kann ich schaffen!«

Manchmal mag man seine Kinder – manchmal nicht

Die Vorstellung, dass es für Erziehungsprobleme eine Patentlösung gibt, ist utopisch.

»Bei einem Seminar verlangt ein Elternpaar schier unersättlich nach Ratschlägen, Wenn-dann-Anweisungen, konkreten Hilfestellungen. Den Hinweis, dass die Lösungen für ihre Schwierigkeiten in ihnen selbst zu finden sind, beantworten sie wie quengelnde Kinder. Ihre eigenen Kinder beschreiben sie als halbe Monster – immer unersättlich, immer unzufrieden, fast unerträglich. Doch die Eltern scheinen sich kaum von ihren Kindern zu unterscheiden. Körperhaltung, Mimik und Gestik der Eltern im Umgang mit den Kindern belegen eine auf das Äußerste gespannte Familienkommunikation. Das Wort »Bitte« der Mutter klingt wie ein Peitschenknall; der Vater schiebt bei der Verabschiedung seine kleine Tochter ohne einen Blick zur Seite.«

Es kann nicht sein, was nicht sein darf

»Erst nach langer, intensiver Elternarbeit geben die Eltern zu: »Wir können unsere Kinder nicht leiden. Im Grunde genommen hätten wir sie am liebsten nicht mehr. Doch das darf man nicht denken, geschweige denn aussprechen!« Nach vielen Monaten Therapiearbeit gelingt es den Eltern zu spüren, was sie an ihren Kindern nicht mögen und wie diese Ablehnung mit ihnen selbst zusammenhängt. Aber es ist noch lange hin, ehe sie sagen können: »Wir mögen unsere Kinder – und wir mögen sie manchmal nicht.« Eines Tages reflektiert die Mutter: »Wenn ich wieder mal merke, dass ich meine Kinder nicht mag, dann denke ich zurück, wie es mir selber ging, als ich spürte, wie meine ei-

gene Mutter mich ablehnte. In solchen Momenten verändert sich das Gefühl: ›Ich mag dich nicht‹ , in: ›Im Moment habe ich es schwer mit dir‹. Und schon geht es mir besser. Als ob die Kinder diese Veränderung spüren, werden unsere Auseinandersetzungen immer seltener. «

Wenn man seine Kinder los werden möchte ...

»Manchmal habe ich richtiggehend Lust, meine Kinder aus dem Fenster zu werfen. Ist das eigentlich normal?«, fragt Frau Klein mit sehr irritiertem Blick, aus dem das schlechte Gewissen Bände spricht. So ein – gar nicht so seltener – Wunsch ist meist logische Folge einer langen Reihe von Vorfällen. Die Eltern geraten mit ihrem Kind in Spannungen und in eine solche Bedrängnis, dass sie nur noch einen Gedanken haben – das, was ihnen derart zu schaffen macht, so zu entfernen, dass es wirklich ganz und gar weg ist. Kinder bringen Eltern manchmal mit der Macht der Machtlosen an die Grenzen ihrer Nervenkraft. Etwa, wenn sie sich partout weigern, etwas zu tun, was man im Moment von ihnen verlangt oder was dringend getan werden müsste. Haben sich Eltern entschlossen, ihre Kinder zu respektieren, sie ohne Gewalt, Drohung und Dressur zu erziehen, dann wird eine solche Erziehung in diesen Fällen zum Teil ziemlich schwierig.

Viele unserer Verhaltensmuster sind Ergebnisse unserer Kindheit.

Manchmal scheint es keine andere Wahl zu geben, als sich selbst auf das Niveau des Sprösslings zu begeben, herumzuschreien, zu toben und auszurasten. Die Versuchung jedenfalls ist groß, denn unfolgsame Kinder können ziemlich nervig sein.

Neue Situationen zehren an den Nerven

Manchmal machen Kinder innerlich starke Entwicklungsprozesse durch, die sich nach außen in Unfolgsamkeit, Toben, Brüllen, Schreien und Schlagen manifestieren. Dies geschieht vor allem, wenn sie mit einer für sie neuen, ungewohnten Situation fertig

werden müssen: wenn ein Geschwisterchen geboren wird, wenn eine Schwellensituation (Besuch von Kinderkrippe, Kindergarten, Sportgruppe und so weiter) ansteht, wenn Eltern sich nicht verstehen und über Trennung sprechen, wenn Großeltern sich in die Erziehung zu stark einmischen, wenn ein Umzug erfolgt und ähnliches mehr. Sind diese Phasen überwunden, zeigt sich das Kind wie ausgewechselt, so als hätte es ein Kleidungsstück abgestreift, das ihm zu klein geworden ist. Sie kennen das aus der Natur – etwa bei der Raupe, die zum Schmetterling wird. Doch Voraussetzung für eine solche Metamorphose ist, dass Eltern, bildlich gesprochen, ihr Kind eben nicht aus dem Fenster werfen; dass die Liebe, Gelassenheit und geistige und emotionale Reife eines Erwachsenen zum Tragen kommt und er sich nicht auf die gleiche Stufe mit dem Kind stellt, sondern ihm Orientierung und Hilfe ist.

Jedes Kind will sich weiterentwickeln

Sie beeinflussen Ihr Kind ob Sie wollen oder nicht. Ihr Kind lernt von Ihnen, egal, wie Sie sich verhalten.

Von Geburt an stecken Energie und Wunsch nach Weiterentwicklung in jedem Kind. Jedes Kind ist aber auch Teil des Beziehungsgeschehens in der Familie und wird das in seinem Verhalten auch immer wieder zum Ausdruck bringen. Ist Ihnen dies bewusst, dann ist es Ihr logischer Wunsch, Ihrem Kind das beizubringen, was zu Ihrer Vorstellung von Erziehung und Ihren Werten passt. Was das bedeutet, ist im Grunde genommen einfach (jedenfalls in der Theorie): Ihr Kind braucht Sie als Vorbild. Dies bedeutet, dass Sie sich zuerst selbst erziehen, sich mit Ihren Stärken und Schwächen auseinander setzen und daran arbeiten sollten, die Seiten in Ihnen abzubauen, die Sie an Ihrem Kind nicht erleben möchten. Gelingt dies, können Sie sich ganz entspannt zurücklehnen, wenn Sie mit sich selbst zufrieden sind. Sie können Ihrem Kind zusätzlich noch helfen, die Dinge selbst zu tun, die es lernen möchte.

Was wir für schwer halten, wird auch schwer sein

»Eltern werden ist nicht schwer, Eltern sein dagegen sehr«. Eltern sein ist nicht schwer, aber eine anspruchsvolle Aufgabe. Es gibt immer noch Männer, die Ihrer Aufgabe und Verantwortung als Väter nicht nachkommen und als »Erzeuger« lediglich Unterhalt zahlen. Gesellschaftlich werden Kinder andererseits als großes Glück und Segen angesehen. Viele Eltern empfinden anders. Und dies ist der springende Punkt! Wer Elternsein als schwer, anstrengend, nervig und belastend ansieht, für den wird es dies auch sein. Ihre innere Einstellung entscheidet, wie Ihr Gehirn die Aufgaben bewertet und wie Sie Ihre Umgebung so gestalten, dass es zur Bestätigung Ihrer möglicherweise negativen Einstellung kommt.

Die Art und Weise, wie wir unsere Ziele formulieren, ist ganz entscheidend dafür, ob wir sie erreichen.

Gelingt es Ihnen, eine positive Einstellung zu gewinnen, dann wird dies ganz entscheidende Auswirkungen auf Ihren Erziehungserfolg haben. Sie kennen vielleicht das Phänomen der »sich selbst erfüllenden Prophezeiung«: Wer die Vorstellung hat, etwas sei schwer, wird unbewusst alles so arrangieren, dass es tatsächlich schwer wird. Denn innere Mitarbeiter in uns – so genannte »innere Anteile« – sorgen dafür, dass wir eher unsere Voreinstellung bestätigen, als sie zu widerrufen. Können wir Erziehung als interessante Aufgabe einstufen und sagen: »Das ist ja spannend! Das ist ja eine Herausforderung!«, dann werden die inneren Mitarbeiter helfen, diese spannende Aufgabe so gut wie möglich zu erfüllen.

Radfahren mit der Familie – Plackerei oder toller Ausflug? Die Einstellung ist entscheidend.

Wahrnehmung und Gefühle

»Wie hoch ist doch das Waschbecken! Markus stellt sich auf die Zehenspitzen, muss sich ganz arg recken, um mit den Fingern überhaupt den Wasserhahn zu erreichen. Flutsch – schon wieder ist die Seife durch seine kleine Hand gerutscht! Wie schwer ist es doch, sie wieder einzufangen! Ausgerechnet jetzt ruft die Mutter aus der Küche: »Bist du nun endlich fertig mit Händewaschen?!« Gerne, sehr gerne wäre er fertig, doch er hat ja noch nicht einmal richtig angefangen! Richtige Arbeit ist das, Schwerarbeit. Der nächste Versuch. Die Beine tun schon weh. Markus versucht, sich ein wenig auszuruhen, sich wieder auf den ganzen Fuß zu stellen. Und dann beginnt die ganze Plackerei von vorn ...«

Wenn schon jeder erwachsene Mensch die Welt mit anderen Augen sieht, um wie viel unterschiedlicher ist erst die Sichtweise von Kindern und Erwachsenen!

»Aber wo in aller Welt ist nun die Seife? Da sieht er kaum über den Beckenrand und muss trotzdem diese verflixte Seife finden! Aus der Küche hallt es: »Komm jetzt endlich, trödel' nicht so rum!« Oh je, dieser Ton macht ihm Angst. Aber er will sich ja beeilen. Also schnell wieder auf die Zehenspitzen und tastend nach der Seife gesucht. Da! Endlich gefunden! Und dann: Flutsch! Wie ein Fisch ist sie aus dem Becken gesprungen. Doch irgendwann hat er es geschafft! Nichts wie ab in die Küche zu Tisch. Hunger! Er klettert auf den riesigen Stuhl, die Beine baumeln unter dem Tisch. Aber was ist das: Er sitzt viel zu weit vom Tisch entfernt, reicht nicht an seinen Teller ...«

Was uns Kinder zeigen können

Schön, wenn Kindern in solchen Situationen eine hilfsbereite Hand zur Verfügung steht, die genau dann Halt und Sicherheit bietet, wenn sie gebraucht wird. Schön, wenn dies keine Hand ist, die das Kind aus Angst festklammert, sondern die den Spielraum gibt, den es braucht, um Fortschritte zu machen. Kinder können Erwachsenen in diesem Zusammenhang etwas sehr Wichtiges zeigen. Sie sind neugierig, offen und bereit, die Welt aus allen möglichen Blickwinkeln zu betrachten. Kinder probieren vieles aus. Und sie erleben dabei, wie unterschiedlich das scheinbar »gleiche Ding« aussieht, wenn man es dreht und wendet, wenn man es von oben, von unten oder von der Seite betrachtet. Wer sein Kind beobachtet, wie es Gegenstände, Menschen und Geschehnisse des Alltags angeht, um sie zu verstehen, wird erkennen, dass es sich nicht – wie wir Erwachsenen – dumm fühlt, wenn es sich Zeit nimmt, um etwas zu begreifen. Es hat kein schlechtes Gewissen, wenn es nicht »erwachsen« mit bestimmten Dingen umgeht. Jedenfalls nicht, solange wir dies nicht von ihm verlangen und es nicht hemmen in seinem Eifer, die Welt auf seine Weise kennen zu lernen.

Kinder können Erwachsene von neuem lehren, aus wie vielen verschiedenen Blickwinkeln die Welt gesehen werden kann.

Erwachsene haben Angst, »dumm« dazustehen

Wie festgelegt sind hingegen wir Erwachsenen, wenn es um die Sichtweise bestimmter Dinge geht!
Wie »eingefahren« gehen wir an unser Leben heran! Wir trauen uns nicht, bestimmte Dinge in Frage zu stellen. Wir erlauben uns nicht, gelassen einen anderen Zugang zu suchen – aus Angst, vor uns selbst oder vor anderen »dumm« dazustehen, uns zu blamieren. Wir leben häufig in der Vorstellung, wissen zu müssen, wie etwas geht; perfekt und unangreifbar sein zu müssen, um unser Gesicht nicht zu verlieren. Im Zusammenleben mit Kindern kann eine solche Haltung leicht problematisch werden. Eine Einstellung zu ändern, die sich in vielen Jahren herausgebildet hat, ist für Eltern kein einfacher Weg. Denn selbst, wenn sie erkannt haben, was ihnen das Leben schwer macht, ist es noch ein großer Schritt, dieses Wissen in Handeln umzusetzen. Und dabei gibt es unendlich viele Stolpersteine.

Die subjektive Wahrnehmung

Markus bemüht sich im Beispiel von Seite 60 nach Kräften, seine Hände zu waschen und rechtzeitig zum Essen zu kommen. Schließlich hat er ja Hunger. Aber die Mutter hört nur, wie er im Bad herumhantiert. Und wahrscheinlich trägt sie das Vorurteil in sich: »Mein Kind trödelt immer herum!«
Dauert die ganze Prozedur länger, macht sich in der Mutter vermutlich Ärger breit. Sie überlegt, wie sie ihr Kind durch Erziehungsmaßnahmen dazu bringt, folgsam und zügig Dinge zu erledigen, die getan werden müssen. Irgendwann wird sie laut werden und mit Strafe drohen. Möglicherweise ist Markus noch dazu im magischen Alter (Siehe Abschnitt »Viertes bis sechstes Lebensjahr«), in dem er die Welt mit ganz viel Fantasie erlebt. Da wird die Seife manchmal auch zum Fisch. Das Kind vergisst durch die intensive Beschäftigung mit dem Seifenfisch völlig, dass es hungrig ist und das Essen auf dem Tisch steht. Es vergisst alles um sich herum. Es sieht den Seifenfisch auf dem Fliesenboden schwimmen, riecht das Wasser und stellt sich vor, an einem Bach zu sitzen. Vielleicht spricht es mit dem Fisch und erzählt ihm von seinem Tag.
Und plötzlich steht dann die Mutter in der Badezimmertüre, bemerkt ihr Kind, wie es auf dem Boden spielt, und ihr platzt der Kragen: »Habe ich dir nicht schon tausendmal gesagt, dass …! Jetzt reicht es aber …! Ab sofort …!« Und so weiter.

Ob tropfender Wasserhahn oder Badeanstalt – im Wasser zu planschen, ist immer ein Vergnügen.

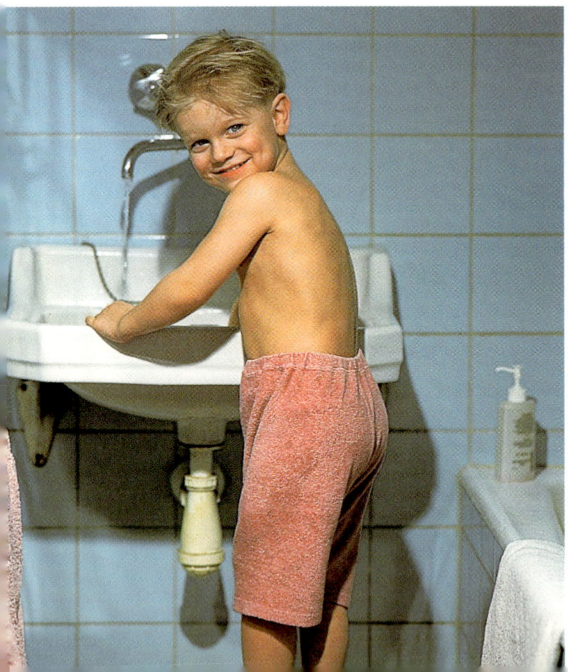

Kinder brauchen Zeit

Ohne Druck spielen zu können, vermittelt Sicherheit. Doch oft werden Erwachsene unruhig, wenn sie beobachten, mit welcher Ausdauer sich ein Kind mit dem beschäftigt, was es gerade tut. Manchmal kommen dann auch noch Abwertungen dazu: »Der spielt ja nur!« »Die macht doch gar nichts Sinnvolles!« Können Sie sich an Ihre Kindheit noch erinnern? Wie war das für Sie selbst, wenn Sie ungestört im Sandkasten sitzen und stundenlang den Sand durch Ihre Hand rieseln lassen durften, ohne dass ein Erwachsener auftauchte und fragte: »Ist dir langweilig?« Häufig halten Eltern die langsame Suche ihres Kindes nach Orientierung und Halt nicht aus und lassen sich dazu verleiten, ihre eigene Hektik unreflektiert auf ihr Kind zu übertragen.

Kinder hinterfragen nicht automatisch

Kinder sehen, hören und fühlen auf ihre ganz besondere Weise, vor allem bewerten sie – anders als die meisten Erwachsenen – ihre Erfahrungen noch nicht. Dafür haben sie meist auch noch keine Angst vor dem Sammeln neuer Erfahrungen. Und da sie alles neu lernen und begreifen, müssen sie weder auf altbekannte, vertraute Denkmuster zurückgreifen noch sie aufgeben. Kinder hinterfragen meist nicht automatisch, was sie erleben, sondern nehmen diese Dinge ganz einfach für wahr. Sie nehmen alles mit allen Sinnen und mit jeder Faser ihres Körpers auf. Sie fühlen, schmecken, riechen, tasten, hören und sehen hin.

Das Bewusstsein, dass es verschiedene Welten gibt, ist die Brücke zu einem lebendigen, nervenschonenden Miteinander zwischen Eltern und Kind.

Eine Welt – zwei Perspektiven

Viele Erwachsene neigen dazu, ihre Sichtweise von der Welt als »Maß aller Dinge« zu nehmen. Wer so festgelegt ist in seinem geistigen Gefängnis, wer darauf beharrt, dass die Dinge nur so sein können, wie er sie sieht, wer nichts anderes als seine Meinung gelten lässt, der wird diesen Maßstab auch bei seinen Kindern anlegen. Wer seinen Erwachsenenmaßstab an die Erlebniswelt der Kinder anlegt, geht davon aus, dass er es »besser« weiß.

Die Mutter, die ihr Kind anbrüllt, weil es im Bad angeblich »nur herumgespielt und getrödelt hat«, glaubt, Recht zu haben. Sie meint zu wissen, was ihr Kind getan hat, allein aufgrund der Tatsache, dass sie die Erwachsene ist. Würde die Mutter Markus fragen, dann würde er vielleicht erzählen: »Mama, der Fisch kommt aus dem großen, großen Meer und hat mir erzählt, dass es dort ganz riesige Ungeheuer gibt.«

Fisch oder Seife

Doch die wütende Mutter hat für so einen »Unsinn« jetzt weder den Nerv noch die Fantasie. Also wird sie argumentieren: »So ein Quatsch! Das ist kein Fisch, das ist Seife. Und außerdem gibt es keine Ungeheuer. Und jetzt komm endlich zu Tisch!« Schließlich soll Markus, so denkt sie, lernen, sich in der Erwachsenenwelt zurechtzufinden und Wirklichkeit und Fantasie voneinander zu unterscheiden. Basta!

Kinder nehmen das, was sie erleben, mit allen Sinnen und jeder Faser ihres Körpers auf.

Doch wie geht es wohl dem Kind? Wenn es den Fisch in der Seife gesehen hat und mit ihm gesprochen hat? Je nach Temperament und seiner bisherigen Erfahrung wird das Kind nun entweder seine Wahrnehmung verteidigen (»Doch, es ist ein Fisch, siehst du nicht, wie er springen kann?!«) oder sich stumm zurückziehen. Vielleicht wird es sich sogar fragen, ob es etwas Böses angestellt oder etwas Falsches gesagt hat. Vermutlich wird Markus das Gefühl entwickeln, nicht verstanden worden zu sein. Wie viel einfacher wäre das Leben, könnte die Mutter Markus' Wirklichkeit erfassen! Wüsste sie, dass ihr Kind in einem Alter ist, in dem es vielen leblosen Dingen Leben einhaucht, die es dann tatsächlich so sieht, wie es sie fantasiert! Hätte sie dieses Wissen, könnte sie möglicherweise spielerisch auf die Ebene des Kindes eingehen. Würde sie sich in der konkreten Situation daran erinnern, könnte sie beispielsweise fragen, was der Fisch denn wohl am liebsten isst und ob er denn so lange in sein (Seifen)-Becken zurückgeht, bis das Kind selbst gegessen hat.

Lassen Sie sich von Ihrem Kind entführen

Die Schätze unserer eigenen Kindheit sind meist unter einer dicken Staubschicht verborgen. Wenn sich Eltern – vielleicht mit Hilfe eigener Kinderfotos – erinnern, wie sie die Welt einst gesehen und erlebt haben, halten sie das eigene Kind in sich lebendig und bauen eine Brücke zur Welt ihres Kindes. Auf diese Weise helfen sie ihm, mit Konflikten anders umgehen zu können. Es tut nicht nur dem Kind gut, sondern auch einem selbst, sich in die kindliche Zauberwelt entführen zu lassen. Ein solcher »Ausflug« gibt allen gemeinsam Kraft, wirklich schwierige Situationen des Alltages gut miteinander durchzustehen.

Oft werden die Trolle, Tiere und Fantasiegeschöpfe aus Bilderbüchern lebendig.

Die Brücke zum Miteinander

Viele Erwachsene haben leider die Fähigkeit verloren, spielerisch in die Fantasie zu gehen. Sie haben sich durch Schule und Beruf angepasst, sehen die Dinge ausschließlich nüchtern und realistisch. Sie denken meist real, sprechen und leben nüchtern und sachlich, und oft träumen sie nicht einmal mehr fantasievoll. Wenn es ihnen aber gelingt, das Schöpferische und Lebendige in sich wiederzubeleben, wenn sie fähig werden, sich auf die Welt der Kinder einzulassen – ohne selbst in ihr verloren zu gehen! – , dann werden sie leichter einen Zugang zum Leben ihrer Kinder und zu einem nervenschonenden Miteinander gewinnen.

Mit einem Bein in die Welt des Kindes einsteigen

»Meine Tochter nervt mich, sie erzählt immer Dinge, die nicht wahr sind.« »Mein Sohn muss endlich lernen, dass es keine Gespenster gibt, sonst wird nichts Vernünftiges aus ihm.«
»Mein Kind steht kurz vor der Einschulung. Jetzt wird es aber Zeit, dass es seinen Kleinkinderglauben von Osterhasen, Nikolaus und Christkind aufgibt.« »Unser Sohn erzählt ständig von seinem kleinen Freund, den niemand außer ihm sehen kann, der »tolle« Sa-

chen kann und allen möglichen Blödsinn veranstaltet. Ein reines Hirngespinst.« Eltern, die um die altersbedingte Ausschmückung der Wahrheit wissen, können mit einem Bein in die Welt des Kindes einsteigen, ohne mit dem anderen die Wirklichkeit der Erwachsenen zu verlassen. Denn es ist für Kinder unbedingt notwendig, dass die Eltern wissen, was wirklich ist und was Fantasie.

Verstand und Gefühl – beides ist gleich wichtig

Eltern, die sich auf die Stufe ihrer Kinder stellen, machen sich zum Kind oder muten ihnen die Stellung von Erwachsenen zu.

Die Chance Erwachsener besteht darin, das analytische, verstandesmäßige Denken beizubehalten. Und zusätzlich die Welt ganzheitlich-intuitiv mit der offenen, fragenden, neugierigen Haltung, die Kinder (gottseidank) noch haben, aufzunehmen. Wenn ein Kind die Bemühungen von Mutter und Vater erlebt, seine Welt zu verstehen, und ihren Versuch erfährt, einen Zugang zu ihr zu finden und eine Brücke zu ihr zu bauen, fühlt es sich verstanden, ernst genommen. Es fühlt sich als wertvoller Mensch. Genau dann kann es den Eltern auch entgegenkommen, muss nicht mehr um Wert und Bestand seiner Welt kämpfen. Dann kann das Kind damit aufhören, auf die Nerven zu fallen, denn es braucht nicht mehr gegen die Besserwisserei der Erwachsenen anzurennen.

Achtung und Beachtung

Wenn sich ein Kind beachtet fühlt, kann es im Gegenzug sich selbst und auch andere achten. Kinder, die glauben, sich oder ihre Gefühle ändern zu müssen, um sie den Erwachsenenvorstellungen anzupassen, werden sich heftig dagegen wehren. Und das ist für ein gesundes Kind wichtig und richtig. Fühlen Kinder sich ernst genommen und verstanden, dann sind sie selbst meist bereit, ihren Teil des Weges zu gehen. Diese Haltung ist eine Grundbedingung zu einer guten Eltern-Kind-Beziehung.

Die Macht der Gefühle

» Der fünfjährige Peter übernachtet zum ersten Mal bei einem Freund. Darauf ist er sehr stolz, weil er schon so »groß« ist. Dennoch übermannt ihn abends die große Einsamkeit: Ohne Mutters Gute-Nacht-Geschichte, dazu in der fremden Umgebung, mit unbekannten Schatten an der Wand – all diese Dinge lassen dem kleinen »großen« Mann das Herz in die Hose rutschen.

Die Mutter des Freundes erklärt ihm liebevoll, dass es ganz in Ordnung sei, gleichzeitig stolz und ängstlich zu sein, sich gleichzeitig erwachsen zu fühlen und Heimweh zu haben. Indem sie Peter Verständnis entgegenbringt, gibt sie ihm die Möglichkeit, die Bandbreite seiner Gefühle zu erleben und sie auf diese Weise gut zu entwickeln. Beruhigt schläft er ein. «

Kann eine Sorge oder Gefahr benannt werden, geht es meist wesentlich besser.

Wir alle wissen aus eigener Erfahrung, dass oft verschiedene Gefühle zusammenkommen: Wer traurig ist, ist oft auch eifersüchtig; wer sich verlassen fühlt, ist oft auch wütend, wer sich hintergangen fühlt, ist oft auch ohnmächtig usw. Oft sind Gefühle auch ambivalent, sprich: Sie sind in ihrem Sinn gegensätzlich – »sowohl als auch« – mutig, aber auch furchtsam; stark, aber auch schwach; entschlossen, aber auch feige ...

Helfen Sie dem Kind, seine Gefühle zu benennen

Die meisten Erwachsenen können ihre Gefühle einigermaßen klar benennen. Sie wissen relativ genau, ob sie gerade traurig, wütend, enttäuscht, ängstlich, unzufrieden, zornig, gekränkt, ratlos oder etwas Ähnliches sind. Ein Kind weiß ohne Hilfe zunächst nur, dass es gerade von einem unbestimmten, (und vielleicht sogar deshalb) bedrohlichen Gefühl heimgesucht wird. Eltern können ihm helfen, dieses Gefühl zu benennen, es zu bestimmen – und damit die Bedrohung zu nehmen oder wenigstens zu mildern. Zunächst können sie zum Beispiel das weinende oder verstörte

Kind einfühlend (in der Fachsprache nennt man das »empathisch«) fragen: »Kann es sein, dass du gerade ziemlich traurig (wütend, sauer, ängstlich usw.) bist?« Indem Sie ein Gefühl also ganz einfach benennen, geben Sie dem Kind einen Begriff. Allein die Benennung von Emotionen kann – nicht nur bei Kindern – schon entlastend wirken und helfen, aufwühlende Vorgänge leichter zu verarbeiten.

Auf die Fragestellung kommt es an

Wichtig dabei ist, etwa durch die einfühlsame Fragestellung, dem Kind die Möglichkeit zu geben, sein Gefühl selber benennen zu können.

Suggestiv-Fragen wie: »Was bist du denn schon wieder so ängstlich?« oder Feststellungen wie »Du bist doch bloß so knatschig, weil du schon längst ins Bett gehörst!« sind wenig vertrauensbildend. Wenn Ihr Kind sagt, »Nein, ich fühle mich nicht ängstlich, sondern traurig«, so sollten Sie das in jedem Fall respektieren und ihm nicht sagen, wie es sich zu fühlen hat. Ziel ist, dass Sie ihm helfen, einen eigenen Wortschatz für seine Gefühle zu entwickeln. Wer seinem Kind sagt, wie es sich in einer bestimmten Situation fühlen soll, riskiert, dass das Kind seinen eigenen Gefühlen misstraut, dass es Zweifel daran bekommt, was in ihm vorgeht – und dass es auf diese Weise in letzter Konsequenz die Achtung vor sich selbst verliert. Auch sollte man nicht versuchen, dem Kind die Rechte auf Gefühle wie Wut, Angst, Jähzorn oder Ähnliches abzusprechen, sondern ihm helfen, besser damit umzugehen. Auf diese Weise behält es seine Persönlichkeit und seine Selbstachtung.

Schreiben Sie Ihrem Schützling niemals vor, was er in bestimmten Situationen fühlen soll.

Erfahren, was ein Kind fühlt

Ein Freund hat dem Sohn die mühevoll aufgebaute Burg im Sandkasten kaputtgemacht, und er kommt weinend nach Hause. Nach-

Achtung und Respekt vor den Gefühlen der Kinder ist die Voraussetzung für einen vertrauensvollen Umgang.

dem er das Unglück erklären und sich ausheulen durfte, wiederholen Sie seine Beschreibung mit eigenen Worten: »Du hast so eine tolle Burg gebaut. Und jetzt hat der Patrick sie dir kaputtgemacht. Das macht dich wütend ...«

Den richtigen Ton treffen

Auch wenn diese Gesprächsmethode simpel erscheint – wer den richtigen Ton trifft, trägt dazu bei, dass sich das Kind verstanden fühlt. Nicht, was wir sagen, ist entscheidend, sondern unser Gefühl der Anteilnahme. Ein kurzes »Klar, versteh ich« oder gar nur ein Kopfnicken wird das Kind ermutigen, weiterzuerzählen. Reaktionen wie »Blödsinn«, »Du brauchst keine Angst zu haben« oder »Wieso lässt du dir das gefallen?«, bringen es vermutlich zum Erstummen ...

Zuhören

Egal, wie beschäftigt Sie sind: Halten Sie inne, und widmen Sie Ihre ganze Aufmerksamkeit Ihrem Kind. Wer eigene Deutungen vermeidet, gibt dem Kind die Chance zu spüren, was es fühlt, dies zuzulassen, seine Gefühle zu erklären und eigene Lösungsvorschläge zu machen.

Gefühle widerspiegeln

Ein Kind braucht die Chance, seinem Ärger, seiner Trauer, seiner Wut freien Raum zu lassen, ohne dass die Eltern sofort trösten oder mit Erklärungen bei der Hand sind. Ist die erste Gefühlswal-

lung verraucht, können Sie den Dialog suchen, indem Sie in etwa nachzuempfinden suchen, was Ihr Kind fühlt.

Für das Kind ein Ventil suchen

Ehrlichkeit ist auch im Umgang mit Gefühlen wichtig. Dabei gilt: Jedes Gefühl darf sein, aber nicht jede Form, es auszuleben. Wie gehen wir mit unseren eigenen Aggressionen um? Türen knallen? Brüllen? Etwas an die Wand werfen? Musik hören? Durch den Wald rennen? Auch ein Kind muss Dampf ablassen – etwa, indem es auf ein Kissen einschlägt, Stofftiere durchs Zimmer schleudert, Schimpfwörter brüllend die Treppe rauf- und runterrast. Oder ein Bild malt, mit Ton oder Knet die Szene gestaltet, etwas schnitzt ...

Von den eigenen Gefühlen erzählen

Eltern sind Vorbilder. Wenn ein Kind erleben darf, dass auch Eltern traurig, stolz oder ängstlich sind, dann fällt es ihm leichter, von seinen eigenen Gefühlen zu sprechen. Sagen Sie Ihrem Kind, dass Sie stolz sind, wenn es (oder Sie selbst) etwas geschafft hat, dass Sie sich freuen über die gelungene Bastelei oder das schöne Bild und so weiter.

Dumme Sätze, die unser Leben prägen

»Komm, so schlimm ist das doch nicht!« – wenn gerade etwas kaputt gegangen ist, das für uns sehr wichtig war.
»Jetzt hab' dich nicht so, andere können das auch!« – wenn wir uns von einer Situation völlig überfordert fühlen und Trost und Verständnis bräuchten.
»Vor so einem Quatsch brauchst du doch keine Angst zu haben!« – wenn uns eine völlig unerklärliche Situation völlig aus dem Häuschen bringt. Als ob jemand anderer besser weiß als wir selbst, was wir in einer bestimmten Situation empfinden!

Gefühle sind erlaubt, aber nicht jeder ungezügelte Umgang damit

Wer kennt nicht diese kleinen Jähzorn-Pinsel? Sie schlagen an der Supermarktkasse auf ihre Mamis ein und brüllen Zeter und Mordio, weil sie kein Überraschungs-Ei bekommen. Sie wälzen sich strampelnd auf dem Fußboden, wenn sie nicht zum Spazierengehen mitwollen. Sie knallen heulend Türen, weil es mittags mal etwas anderes gibt als Pommes frites.
Kinder lassen ihren Gefühlen sehr oft freien Lauf; vor allem, wenn sie wütend oder enttäuscht sind. Sie haben noch nicht gelernt, so mit ihren Aggressionen umzugehen, dass diese für andere erträglich sind. Eltern sollen nun ihren Kindern dabei helfen, diese Gefühle so zu steuern, dass sie weder sich selbst noch anderen dabei Schaden zufügen.

Keinem Kind ist damit gedient, wenn es seine Gefühle ohne Rücksicht auslebt. Es wird weder von anderen Kindern gemocht noch später in der Gesellschaft zurecht kommen.

Eltern sind Vorbild – auch beim Gefühlezeigen

Dabei haben die Eltern die Verantwortung, sich nicht auf das Niveau der Kinder hinunterziehen zu lassen und, bildlich gesprochen, selbst zum Kind zu werden – etwa, wenn sie brüllen oder gar zuschlagen, weil sie sich über das Verhalten ihres Kindes ärgern. Alles, was Eltern tun, dient ihren Kindern als Vorbild. Es geht also darum, zwar die Gefühle der Kinder zu verstehen, ihnen aber ruhig und bestimmt, klar und deutlich zu sagen, dass sie diesen Gefühlen nicht immer und jederzeit freien Lauf lassen können.
Gefühle haben, ist das eine. Damit umgehen, das andere. Daher ist nicht das Gefühl des Kindes das Problem, sondern sein ungezügeltes, unkontrolliertes Verhalten. Natürlich lässt sich kaum erreichen, dass ein Kind in bestimmten Situationen seine Emotionen ändern kann, als ob es nur einen Hebel umlegen müsste! Doch Sätze wie »Benimm dich endlich ordentlich!« oder »Hör mit deinem Geplärre auf!« oder gar eine Ohrfeige bewirken meist gar nichts.

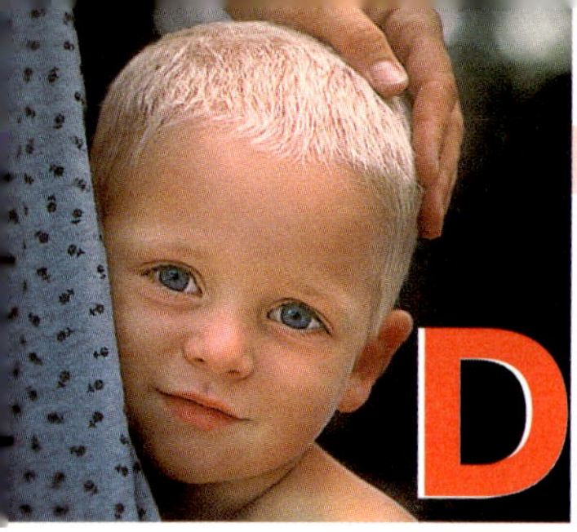

Die aktive Erziehungshaltung

»Ich will doch nicht so ein autoritärer Knacker sein wie mein eigener Vater«, entrüstet sich Herr Zauner. Stattdessen – so wirkt es jedenfalls auf Außenstehende – tanzen ihm die Kinder auf der Nase herum. Herr Zauner sieht das anders. Er nennt es: »Freiheitliche Erziehung mit der Möglichkeit zur Selbstfindung.«

Autorität bedeutet nicht in jedem Fall, ein autoritärer Knacker zu sein.

Aus den Äußerungen dieses Vaters wird klar: Er will anders erziehen als sein Vater. Anders – das heißt für ihn: Er macht genau das Gegenteil! Die Kinder zwingen ihn, sich mit seiner Rolle auseinander zu setzen. Gerade, weil er sie bis zum Geht-nicht-mehr gewähren lässt, nerven sie ihn bis an die Reizschwelle, sie geben nicht nach und lassen nicht locker – sie wollen ihren Vater spüren, erleben, erfahren. Kurz: Sie fordern ihn mit allen ihnen zur Verfügung stehenden Mitteln heraus, Stellung zu beziehen. Die Aufgabe, die seine Kinder stellen, lässt sich durch Passivität und Gewährenlassen ebensowenig lösen wie durch starres Reglement. Erstaunlich viele Eltern verhalten sich ihren Kindern gegenüber passiv. Sie nehmen hin, was die Kinder mit sich selbst und mit ihnen tun. Sie leiden zwar unter den Aktionen der Kinder, trauen sich aber nicht, Grenzen zu setzen.

Warum Autorität wichtig ist

Kinder brauchen Autorität, sie brauchen aktiv erziehende Eltern. Aktiv – das heißt: tatkräftig, tätig, wirkend. Passiv – das bedeutet: duldend, untätig, teilnahmslos. Viele Kinder spüren, dass sich ihre Eltern unwohl fühlen, wenn sie sich als Autorität einbringen sollen, als Erwachsene, die Vorbild und Leitbild zu sein haben, die durch Erfahrung, Wissen und Klarheit überzeugen. Aufgrund eigener Erfahrungen haben Eltern oft Probleme mit Autorität. Sie setzen Autorität gleich autoritär und befürchten, ihre Kinder zu beherrschen, ihren Willen zu brechen, sie zu folgsamen Ja-Sagern zu erziehen.

Als Autorität, als starke Persönlichkeit angesprochen zu werden, löst in manchen Eltern Unwohlsein aus.

Autorität und Gleichberechtigung sind kein Widerspruch

Ein Kind, ausgestattet mit tausend Fühlern und Antennen, spürt die Unsicherheit der Eltern. Einerseits nutzt es diese Haltung nach Kräften aus, auf der anderen Seite fordert es seine Eltern immer und immer wieder heraus, Flagge zu zeigen und Orientierung zu geben. Dabei müssen Eltern mit Autorität gar nicht autoritär sein. Sie haben es nicht nötig, ihre Macht auszuspielen, stur und unnachgiebig zu sein, diktatorisch zu bestimmen, wo es langgeht. Solche Haltungen sind eher Zeichen von Schwäche als von wirklicher Autorität und Stärke.

Was wahre Autorität ausmacht

Voraussetzung für eine wahre Autorität ist, selbst einen Reifungsprozess durchlaufen zu haben. Ein solcher eigener Entwicklungsprozess setzt jedoch eine aktive Haltung und Arbeit an sich selbst voraus. Lasche, bequeme Menschen gehen diesen Weg nicht. Stattdessen finden sie in ihrem Umfeld immer wieder Dritte, denen sie die Schuld dafür in die Schuhe schieben können, dass sie nicht so sein können, wie sie es gern wären. Manchmal sind diese Dritten ihre eigenen »nervigen« Kinder, die ihnen angeblich »das Leben zur Hölle« machen ...

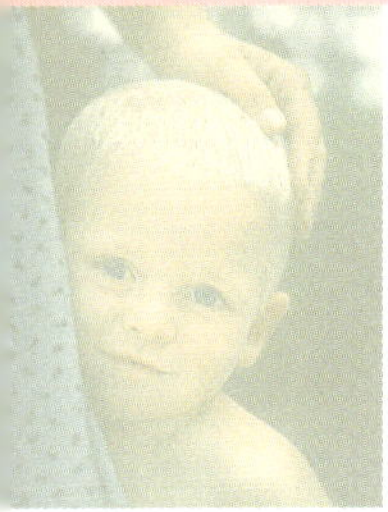

Erfahrung verpflichtet

Ziehen sich Eltern aus der Beziehung und Verantwortung gegenüber ihren Kindern zurück, dann fühlen diese sich allein gelassen, was sie mit all den ihnen zur Verfügung stehenden Mittel zeigen. Ein Kind, das sich ungebunden fühlt, verhält sich auch unbändig. Es gerät sozusagen außer Rand und Band. Eine gleichwertige und gleichberechtigte Beziehung zu seinen Kindern und Respekt vor deren Selbstwertgefühl, Autonomie und Unverwechselbarkeit hat nichts mit Gleichrangigkeit und Gleichmacherei zu tun. Eltern haben nun einmal einen größeren Schatz an Erfahrung und Wissen. Dafür sind sie auch Eltern. Das verpflichtet sie, diesen Erfahrungsschatz ihren Kindern zur Verfügung zu stellen – und zwar nicht von oben herab, sondern in einer anerkennenden und Gleichberechtigung schaffenden Haltung.

Kinder brauchen klare, feste Bezugspersonen, sie fordern Halt und Orientierung.

Eltern geht manchmal die Puste aus, denn ein »Nein« durchzusetzen ist anstrengender als einfach nachzugeben.

Erziehen ist anstrengend

»Ich weiß schon«, klagt Frau Weiss im Elterngespräch, »dass ich strenger sein sollte, aber ich kann es einfach nicht.«

Viele Eltern haben von außen betrachtet wirklich große Probleme, eine Autoritätsperson zu sein. Sie wirken nachgiebig, weich, depressiv, kraft- und orientierungslos. Von ihnen zu erwarten, sich auf Knopfdruck zu ändern, um ihre Elternaufgabe zu erfüllen, ist sinnlos. Sie würden immer so ähnlich reagieren wie Frau Weiss – sie sind weder in der Lage noch haben sie wirklich den Willen und die Absicht, aktiv zu werden. Es ist, als seien sie in eine Zwangsjacke gesteckt worden.

Bequemlichkeit, Desinteresse, Lustlosigkeit und Angst vor der Verantwortung verstärken die Passivhaltung.

Regeln und Rituale erleichtern den Alltag

»Gestern kam meine Tochter Julia von ihrer Freundin Ann-Marie nach Hause und erzählte freudestrahlend, dass es dort festgelegte Essenszeiten gibt«, berichtet Frau Walkes aufgebracht. Um halb sieben Abendessen sei ganz toll, denn da könne man immer alle treffen. Und dann fragte sie mich, ob wir das nicht auch einführen könnten!«

Bisher war Familie Walkes stolz darauf, ihre Kinder nicht durch bestimmte Regeln und Gesetzmäßigkeiten einzuengen. Wenn Eltern selbst in einem zu starren Rahmen groß geworden sind, setzen sie Regeln mit Einengung gleich. Sie befürchten, Macht auszuüben und ihre Kinder in Zwänge zu pressen. Selbstverständlich können Regeln die Luft abdrücken, wenn sie zu starr gehandhabt werden. Die emotionale Entwicklung eines Kindes kann dann behindert werden, wenn Rituale lediglich zur Stabilisierung und Ordnung der Eltern dienen, wenn eine Hierarchie durchgesetzt werden soll, die nicht auf Anerkennung beruht.

Innerer Halt braucht äußeren Halt, ganz besonders in jungen Jahren.

Fehlende Regeln gefährden die Entwicklung

Fehlende Regeln und Rituale gefährden die Entwicklung. Auch Eltern, die ständig ihren Erziehungsstil in Frage stellen und sich andauernd damit herumquälen, ob sie wirklich eine »gute Mutter«, ein »guter Vater« sind, geben wenig Orientierung. Kinder brauchen bestimmte Regeln, die ihnen klar die Grenzen aufzeigen, innerhalb derer sie sich entfalten und entwickeln können.

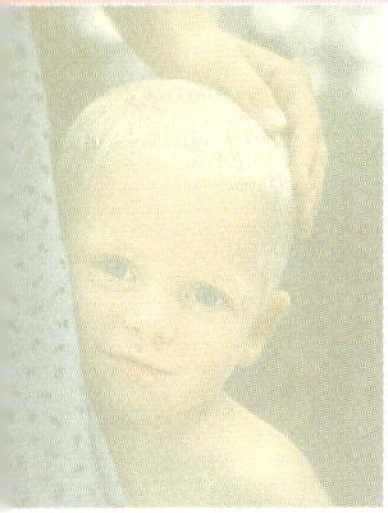

Ein Kind entwickelt sich nur dann selbstständig, wenn es Ordnungsmuster bekommt, die ihm Sicherheit geben und auf die es sich wirklich verlassen kann. Kinder brauchen für ihr Wachsen und Werden einen Rahmen, der sie begleitet und unterstützt. Sie brauchen Werte, an denen sie sich orientieren können. Regeln drücken aus, worauf in einer Familie Wert gelegt wird. Die Einhaltung der Regeln ist dann kein Problem, wenn klar ist, wofür diese Ge- und Verbote stehen. Regelmäßige Essenszeiten dienen z. B. dazu, die Kommunikation innerhalb der Familie zu pflegen, gesunde Lebensmittel auf gesunde Art (nicht zwischen Tür und Angel) zu sich zu nehmen. Die Vereinbarung einer Mittagsruhe kann dem Ruhebedürfnis von Kindern und Erwachsenen entsprechen.

Der Sinn von Regeln

Was zeigen Regeln?

- Was Eltern von ihren Kindern erwarten.
- Wie eine häusliche Gemeinschaft organisiert ist.
- Welche Wertvorstellungen in der Familie wichtig sind.

Wobei helfen Regeln?

- Sie helfen, den Alltag ruhig und gelassen zu gestalten.
- Sie ermöglichen, bestimmte Aufgaben zu verteilen und sich darauf verlassen zu können, dass diese auch erfüllt werden.
- Sie führen dazu, eine Atmosphäre zu schaffen, in der sich jeder entwickeln und verändern kann.

Wann helfen Regeln nicht?

- Wenn sie zu viel, zu wenig oder unklar sind.
- Wenn sie durch inkonsequentes Verhalten in Frage gestellt werden.
- Wenn sie je nach Lust und Laune angewandt werden.

Der Unterschied zwischen Regeln und Ritualen

Rituale sind nicht genau das Gleiche wie Regeln. Sie sind sozusagen die ganz persönlichen Sahnehäubchen des Lebens. Rituale begleiten uns im Tages-, Wochen- und Jahresrhythmus. Oft brauchen wir sie gar nicht zu erfinden, sie sind einfach da. Welche Rituale – ob Feiertagsschmaus, Geburtstagsfest, Weihnachtsfeier oder andere mehr oder weniger häufig wiederkehrende festliche Ereignisse – mögen Sie besonders gern? Oder wie sieht es bei Ihnen mit kleinen Besonderheiten wie der Morgenzeitung, der Lieblingsschokolade, dem liebsten T-Shirt oder dem kleinen Gläschen vor dem Zubettgehen aus?

Rituale sind persönlicher als allgemein gültige Regeln. Doch auch sie geben Halt und Orientierung.

Spielregeln stellen Ordnung her

Rituale und Regeln geben die Kraft, Ordnung im Chaos herzustellen. Manche Kinderspiele sind stark reglementiert und laufen nach einem ganz bestimmten Schema ab. Dies ist für die kindliche Entwicklung überaus sinnvoll. Die Spiele stecken oft voller Symbole, die die innere Realität des Kindes widerspiegeln. So reduzieren Regeln oft auch Konflikte. Bei manchen Spielen, wie Fang-, Wurf- oder Abzählspielen, ist kontrollierte Aggression der Hauptbestandteil. So kann das Kind lernen, mit Aggression als Bestandteil des Lebens umzugehen und sie in festen, verlässlichen Bahnen auszuprobieren – etwa in Spielen wie »Kaiser, wie viele Schritte darf ich reisen?«, »Ochs am Berg – eins, zwei, drei« oder »Katz und Maus«. In solchen Spielen können Kinder immer wieder von neuem feststellen, wie weit sie gehen dürfen. Dabei ist klar, was passiert, wenn sie die Regeln überschreiten. Kinder sind Gestalter ihrer Welt. Regeln und Rituale helfen ihnen dabei. Manche Kinder erfinden selbst Regeln und Rituale, die ihnen unsichere oder chaotische Lebenssituationen begreifbarer machen.

Was spricht für Rituale?

Kinder, die mit einem Ritual verabschiedet werden (in den Kindergarten, die Schule, den Schlaf) können sich auf etwas Neues einlassen. Abschied ist die Voraussetzung für Neubeginn.
Kinder, die Entspannungsrituale entwickeln konnten, haben eine größere Frustrationstoleranz und sind leistungsfähiger.
Kinder, die ihre Zeit strukturieren können, haben viel weniger Angst, etwas zu verpassen. Sie verfügen über die Möglichkeit, sich auf das einzulassen, was sie im Moment tun und müssen nicht rastlos von Aktivität zu Aktivität hasten.
Kinder, die neue Räume betreten, brauchen Sicherheiten. Begrüßungs- und Verabschiedungsrituale bieten solche Sicherheiten.

Im Spiel Grenzen lernen

Beim Spielen auf dem Pausenhof, im Kindergarten, bei Geburtstagspartys, aber auch bei Gesellschaftsspielen in der Familie erleben Kinder die unterschiedlichen Konsequenzen von Grenzverletzungen auf spielerische Weise und machen damit kindgerechte, aber wesentliche Erfahrungen für den Umgang miteinander. Solche Spiele haben meist ganz klare Regieanweisungen. Wer sich nicht daran hält, weiß, welche Formen der Bestrafung es gibt: Er muss von vorn anfangen, eine Runde aussetzen oder gar ausscheiden. So lernt das Kind, Regeln zu akzeptieren, ja noch mehr: Irgendwann meldet sich möglicherweise beim Versuch, Spielregeln zu verletzen, also zu schummeln, automatisch das schlechte Gewissen. Bestimmt erinnern Sie sich selbst an derartige Haltepunkte in Ihrem Leben. So dienen Regeln und Rituale von Anfang an auch als Mittel, um die Welt zu gestalten, und sie begleiten uns oft ein ganzes Leben.

Die Gutenacht-Geschichte oder das Schlaflied erleichtern Kindern den Abschied vom Tag.

Zwischen Spielraum und Schonraum

Kinder brauchen klare, eindeutige Grenzen, innerhalb derer sie sich sicher bewegen, Erfahrungen sammeln und ein Stück reifer werden können. Aber diese Grenzen dürfen auf keinen Fall zementiert, für immer und ewig festgeschrieben sein.

Aktive Erziehungshaltung heißt auch, dass Eltern dafür verantwortlich sind, ihren Kindern den Spielraum zu geben, den diese für eine gesunde Entwicklung ihrer körperlichen und geistigen Möglichkeiten brauchen. Gleichzeitig sind sie verpflichtet, ihnen so viel Schutzraum zu geben, dass sie innerhalb der gesetzten Grenzen weder in Gefahr kommen noch festgehalten werden. Ein schwieriger Balanceakt!

»*Auf dem Spielplatz turnt ein etwa drei Jahre altes Kind auf einem Klettergerüst. Beobachtern bleibt der Atem stehen, so gefährlich sieht das aus. Die Mutter ist nicht auszumachen in der Gruppe von Frauen, die sich am Rand des Spielplatzes unterhalten. Näher am Gerüst, immer die Augen auf dieses Kind geheftet, stellt man fest, dass es recht sicher wirkt. Plötzlich steht eine Frau da und sagt stolz: »Macht er toll, nicht wahr? Der traut sich was!« »Und Sie trauen es ihm zu«, möchte man sagen.*«

Es ist anstrengend und oft eintönig, nur die Kinder im Auge zu behalten. Die Haltung: »Der macht das schon, da passiert schon nichts!« ist oft Ausdruck von Bequemlichkeit.

Fürsorge und Vernachlässigung

Natürlich gibt es Eltern, die ihre Verantwortung für die Fürsorge ihres Kindes nicht erkennen. Doch sie vernachlässigen es nicht nur, wenn sie es unbeaufsichtigt Gefahren aussetzen, bei denen das Kind zu Schaden kommen kann. Auch das Gegenteil kann eine Art von Vernachlässigung sein – nämlich übergroße Fürsorge, die sich in ängstlichen Sätzen ausdrückt wie: »Pass auf, dafür bist du noch zu klein!« oder »Dir passiert etwas, weil du das noch nicht kannst!« Und dann gibt es noch Kinder, die

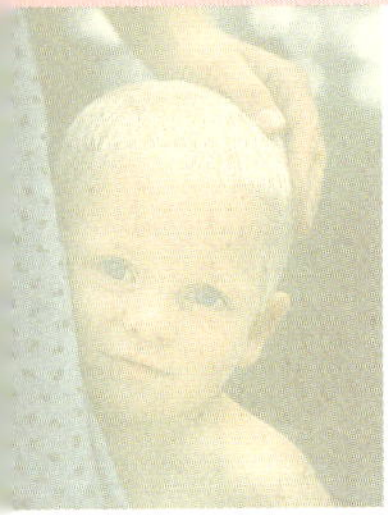

sich aller scheinbaren Fürsorge zum Trotz immer wieder in Gefahr bringen und ständig herumlaufen, als hätten sie gerade einen 15-Runden-Boxkampf beendet. Häufige Gefährdungen oder Verletzungen von Kindern können ein Hinweis darauf sein, dass der Spielraum, den man ihnen gewährt, zu groß und unübersichtlich ist. Dahinter kann die Aufforderung stehen: »Helft mir, meine Möglichkeiten in einem Rahmen zu erproben, in dem ich nicht ständig in Gefahr komme!« Bei manchen Kindern bedeutet häufige Selbstgefährdung sogar noch mehr: In der nonverbalen (wortlosen) Kindersprache kann sie ein eindeutiger Hinweis auf Vernachlässigung sein.

Eltern wissen, was sie ihren Kindern zutrauen können – und die trauen sich dann eben auch selbst etwas zu.

Kinder, die keine Grenzen gesetzt bekommen, verlieren die Orientierung. Sie finden sich nicht zurecht, stoßen und ecken an. Wenn sie auffällig reagieren, wird dies oft auch noch falsch gedeutet.

Die richtige Balance

Bei einer aktiven Erziehungshaltung sind Eltern aufgefordert, bei ihren Kindern immer wieder die richtige Balance zwischen Spielraum und Schonraum zu finden – wobei sie natürlich deren Alter und persönliche Möglichkeiten berücksichtigen sollten.

Der **Spielraum** ist dazu da, dass das Kind Neues erfährt, erprobt und dazulernt. Er soll helfen, geistige, körperliche und seelische Kräfte zu sammeln und dazu führen, dass sich das Kind stark, groß und kompetent fühlen und an seinen Erfolgen immer wieder ein Stück wachsen kann.

Der **Schonraum** soll so beschaffen sein, dass das Kind seine Erfahrungen ohne größere Gefahr für Leib und Seele machen kann.

Falsche und richtige Spielräume

Was passiert, wenn ein Spielraum falsch gesteckt wird? Nehmen wir einen Laufstall: An diesem überschaubaren, übersichtlichen Ort ist ein sehr kleines Kind zunächst einmal sicher. Ohne große Anspannung können die Eltern beobachten, wie es spielt, übt und lernt, sie können sich an ihm freuen, es durch aufmunternde Worte oder verstärkende Gesten unterstützen. Doch je größer das Kind wird, desto deutlicher zeigt es: »Diese Grenzen sind mir zu eng, mein Interesse reicht jetzt weiter als bis zu den Stäben des Laufstalles.« Wenn die Eltern darauf nicht reagieren, wird das Kind protestieren und zeigen, wie behindert und eingesperrt es sich fühlt. Entlassen es nun die Eltern sofort ohne Begleitung in die große weite Welt, werden die ungeheuren Eindrücke, Reize und auch Gefahren das Kind überfluten. Es kennt sich überhaupt nicht mehr aus, es wird sich selbst grenzüberschreitend verhalten und auf diese Weise deutlich machen: »Diese grenzenlose Offenheit geht über meine Kräfte! Ich brauche Grenzen!« Solche Kinder erkennen wir daran, dass sie mehr oder weniger orientierungslos herumirren, was häufig zu Unrecht als überaktives Verhalten gedeutet wird. Sie bringen sich, andere Menschen, aber auch Dinge in Gefahr, werden aufsässig, bockig und zunehmend unansprechbar. Kurz: Solche Kinder nerven. Ihr Verhalten ist der Hilfeschrei: »Bitte hilf mir, dass ich mich wieder auskenne. Das ist mir alles zu viel. Ich brauche eine deutliche Grenze, auch wenn es gerade so aussieht, als ob ich genau das Gegenteil will.«

Der Trick besteht darin, nicht nachzugeben, Orientierung zu geben und dem Kind zu signalisieren: Ich mag Dich.

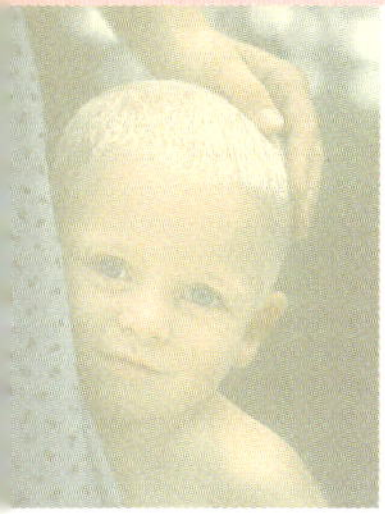

Wenn Situationen ein Kind überfordern

» Während des Mittagessens im Rahmen einer Ferienfreizeit rast ein kleiner Junge wie von der Tarantel gestochen im Raum umher. Die Mutter dieses Jungen ruft, ohne sich von ihrem Platz zu rühren, immer wieder mit zunehmender Verärgerung in der Stimme: »Tom, komm jetzt her! Tom, setz dich an den Tisch! Tom, hör auf rumzurasen! Tom, gleich setzt es was!« Es ist nicht nur das unruhige herumrennende Kind, sondern vor allem auch die Art und Weise, wie die Mutter von ihrem Platz aus mit hysterisch-kreischender Stimme Anweisungen ausstößt, was Unbehagen auslöst. «

Wenn ein Kind »ausrastet«, genügt oft ein klarer Blick oder eine leichte Berührung, die besagt: »Keine Angst: Ich bin bei dir!«

Ein Kind rastet aus

Der erste Gedanke: Was für ein nerviges, hyperaktives Kind! Der zweite Gedanke: Nein, eine nervige Mutter, die nicht erkennt, dass ihr Kind eine klare Hilfe in Form von Grenzsetzung braucht, die nicht erkennt, dass sein Herumrasen Unbehagen und Angst ausdrückt. Die Ferienfreizeit mit neuen unbekannten Menschen und fremder Umgebung ist für Tom eine völlig neue, ihn überfordernde Situation. Oft genügt es in solchen Fällen, wenn Eltern ihr Kind an der Hand nehmen, sich zu ihm hinunterbeugen, es ansehen und ihm zu verstehen geben: »Da ist etwas neu für dich. Kann sein, dass du Angst vor dem hast, was auf dich zukommt. Aber keine Sorge: Ich bin bei dir!«
Doch Toms Mutter kann das offensichtlich nicht. Sie sitzt wie angewurzelt auf ihrem Platz, vielleicht weil sie selbst unsicher ist, vielleicht weil ihr Sohn in ähnlichen Situationen schon öfter ausgerastet ist und sie ahnt, dass dies wieder bevorsteht. Jedenfalls versucht sie mit den falschen Mitteln, Tom auf seinen Platz zu dirigieren. Sie würde besser aufstehen, ihren Sohn ansehen, ihn an der Schulter oder an der Hand berühren und ihm auf diese Weise helfen, auf seinen Platz zu kommen. Stattdessen kennt diese Frau offensichtlich

nur eine Strategie, um das Problem zu lösen: Sie bleibt wie angeklebt sitzen und wird dabei immer lauter und schriller.

Auffällige Kinder wollen etwas zeigen

»*So kommt es, wie es kommen muss: Eine Bedienung stolpert über den kleinen Tom Düsentrieb, stürzt beinahe und beschimpft ihn laut und heftig. Daraufhin erhebt sich die Mutter erbost, schnauzt die Bedienung an, packt dann ihren Sohn unsanft am Arm und schleppt das laut schreiende Kind hinter sich her aus dem Saal.*«

Auffällige Kinder werden in Kategorien einsortiert und haben kaum Chancen, angenehme und kreative Anteile ihrer Persönlichkeit zu zeigen.

Viele der anwesenden Eltern sind der Meinung, diese Nervensäge brauche ganz einfach mal ein paar hinter die Löffel (die Tom vermutlich außer Sichtweite auch bekommen haben dürfte). Nein – dieses grenzenlos unsichere Kind braucht eine Mutter, die ihm hilft, seinen Platz zu finden, einzunehmen und sicherer zu werden! Kinder handeln so, wie sie es tun, weil sie es in der Situation nicht anders können. Ist ein Kind auffällig, dann will es damit etwas zeigen. Erwachsene bewerten das Verhalten der Kinder. Wird einer wie Tom zur überaktiven Nervensäge abgestempelt, dann ist er wegen seiner Art schuld an der ganzen Unruhe.

Ist der Schuldige festgelegt, sind die Rollen klar verteilt

Gelingt es, die Situation anders zu betrachten und damit zu erkennen, dass die Unruhe eines Kindes ein Hilfeschrei nach Halt und Sicherheit ist, dann sind Eltern zum aktiven Handeln aufgefordert, ja geradezu verpflichtet. Schuld und Unschuld, Quälgeist und Gequälter sind nicht mehr eindeutig festgelegt. Die Beziehung zwischen Eltern und Kind bekommt einen neuen Blickwinkel und eine Chance, die Situation anders zu bewerten. Wenn also,

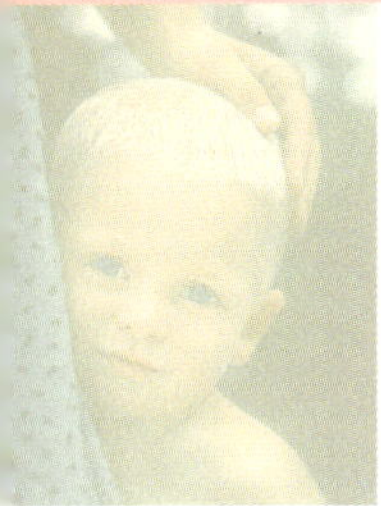

um zu unserem Beispiel zurückzukehren, Toms Mutter seine unausgesprochene Botschaft »hört«, dass es ihm nicht gut geht, kann sie kindgerecht darauf reagieren und die Beziehung aktiv gestalten. Tut sie dies aber nicht, sondern bleibt bei ihrer Bewertung, wonach Tom sich daneben benimmt und durch Gebrüll und Gewalt dressiert werden muss, dann schaukelt sich die Situation so lange hoch, bis es zur Eskalation kommt.

Wie Eltern ihre Scheuklappen ablegen können

»Du machst mich verrückt!«

»Du bringst mich um den Verstand!«

»Du kostest mich den letzten Nerv!«

Eltern stecken ihr Kind oft in Schubladen. Das Kind wird zum »Störenfried«, »Faulpelz«, »Quälgeist«, zur »Nervensäge« und so weiter. Solch einseitige Schuldzuweisungen legen die Rollen fest und lassen dem Kind kaum eine andere Möglichkeit, als dagegen innerlich und äußerlich anzurennen. Viele Erwachsene bewerten Kinder auf der Grundlage ihrer festgelegten Meinung. Tom rast im Speisesaal herum. Die Erwachsenen bewerten nicht, was er tut, sonst könnten sie ja erkennen, dass dahinter seine Hilflosigkeit und Angst steht, sondern sie bewerten sein Verhalten auf der Grundlage ihrer festgelegten Meinung über derartige Handlungen. Und die lautet: »Herumrasende Kinder sind hyperaktiv«. Kurz: Sie haben ein festgelegtes Vorurteil.

»Du bist ein Nagel zu meinem Sarg« ist eine besonders böse Formulierung, da sie den Kindern nicht nur signalisiert, dass die Bezugsperson genervt ist, sondern auch Schuldgefühle und Verlustängste weckt.

Das kann man auch anders sehen

Eine andere Sicht der Dinge zu gewinnen bedeutet aber nicht, einen anderen Sündenbock zu suchen. Wenn wir nun statt Tom dessen Mutter vorschnell verurteilen, ist keinem von beiden geholfen. Wichtig wäre, ihr zu helfen, damit sie erkennt, was Tom mit seinem Verhalten ausdrückt. Dann wäre sie nicht mehr die Geplagte, sondern könnte neue Möglichkeiten entdecken, in

solchen Situation hilfreicher zu reagieren und somit die Einbahnstraße zu verlassen, die da lautet: »Tom nervt – Tom muss raus – Tom ist ein böses Kind – ich bin eine schlechte Mutter ...«
Aus der duldenden, passiven Erziehungshaltung, die sich in Zeichen der Hilflosigkeit und Ohnmacht wie Schreien, Schimpfen oder Schlagen ausdrückt, kann sich auf diese Weise eine aktive Gestaltung der Beziehung entwickeln.
Viele Eltern empfinden Erziehung, die Grenzen setzt, als etwas Negatives. Sie scheuen sich davor, Erziehung aktiv zu gestalten, etwa indem sie ihrem Kind Grenzen setzen und Anforderungen stellen, indem sie etwas von ihm erwarten und ihm Hilfestellungen geben. Diese Scheu hängt auch mit der generellen Angst vor Beziehung zusammen und davor, sich wirklich auf jemand anderen einzulassen. Es ist ein Irrtum zu meinen, ein Kind zu bekommen, ist bereits ein Beweis dafür, dass man eine Beziehung zu ihm eingehen will.

Eltern, die ihrem Kind Grenzen setzen, gestalten die Erziehung aktiv und bringen sich selbst ein.

»Hätte ich gewusst, was auf mich zukommt, als ich schwanger wurde, dann hätte ich mir das hundertmal überlegt!« stöhnt Frau Bachmann in einer Beratungsstunde. »Aber ich glaube, es gäbe wenig Kinder auf der Welt, wenn Eltern wirklich so genau wüssten, worauf sie sich einlassen – jedenfalls wenn sie ihre Erziehungsaufgabe ernst nehmen.« Und weiter philosophiert sie: »Und doch: Seit ich mir auch kritische Gedanken erlaube, seit ich mich laut sagen traue: ›Mein Kind ist mein Geschenk und meine Plage‹ – seitdem geht es mir wirklich besser.«

»Vätertage« bringen Vätern ihre Kinder näher und Müttern die oft notwendige Distanz.

Sich und andere ernst nehmen

Eine gute Beziehung bedeutet, Ängste und Wünsche des anderen

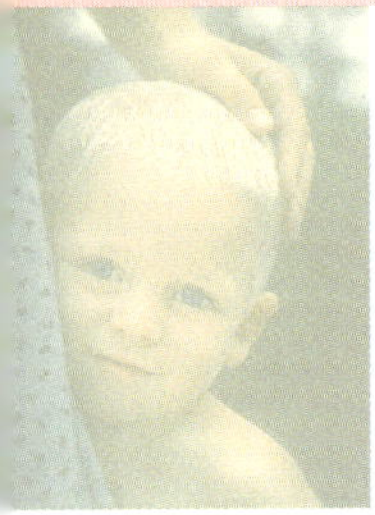

zu spüren und ernst zu nehmen. Es bedeutet aber genauso, die eigenen Wünsche und Ängste zu spüren und – vor allem! – sich selbst ernst zu nehmen. Eine gute Beziehung hat nichts zu tun mit Scheinharmonie, Friede-Freude-Eierkuchen-Mentalität oder Verleugnung von Konflikten. Ein Kind braucht von Anfang an Eltern, die ihm Orientierung und Halt geben. Das kann zuweilen ganz schön anstrengend sein, da sich die Ansprüche an eine aktive Erziehungshaltung mit zunehmendem Alter und wachsender Reife des Kindes ständig verändern. Denn aktiv erziehende Eltern sind immer wieder gefordert, ihr Kind zu beobachten und zu hinterfragen, was es mit auffälligem Verhalten sagen will, um dann selbstkritisch die eigene Haltung zu überprüfen.

Aktive Erziehungshaltung respektiert und achtet in jedem Fall die Würde des Kindes. Sie bedeutet unterstützende, schützende und lebensbejahende Haltung der Eltern.

Genug ist genug

»Eine Mutter mit zwei kleinen Kindern schiebt einen vollbeladenen Einkaufswagen durch den Supermarkt. Sie wirkt ziemlich genervt – der Mund schmallippig und verkniffen, die Körperhaltung verkrampft, die Schultern nach oben gezogen, der

Der Vorwand, das Beste zu wollen …

Einige Eltern verwechseln Erziehen mit Einengen, Bevormunden und Strafen. Ihnen fehlt das nötige Einfühlungsvermögen, sie richten ihr Kind ab, dressieren es und versuchen, es in eine bestimmte Richtung zu manipulieren. Dies interpretieren sie als »Vorbereitung auf das harte Leben der Erwachsenen«. In Wirklichkeit leben solche Eltern unter dem Deckmäntelchen, »das Beste« für ihr Kind zu wollen, eigene unreife Persönlichkeitsanteile wie Imponiergehabe, Machthunger, Sadismus oder Größenwahn aus.

Gang hektisch. Das kleinere der Kinder, etwa eineinhalb Jahre alt, sitzt im Wagen, das andere, etwa vierjährige, zieht sie hinter sich her. »Na los, komm jetzt, wir sind sowieso schon viel zu spät dran«, herrscht sie den hinter ihr her stolpernden Dreikäsehoch an. Und wiederholt gleich darauf, jedes Wort extra betonend: »Würdest du jetzt bitte endlich die Freundlichkeit haben, mitzukommen?!?«

Stress pur

Wer genau hinschaut – wozu die Mutter selbst offensichtlich nicht in der Lage ist – dem fällt auf, dass das Kind gern »die Freundlichkeit haben« würde, aber mit seinen kleinen Beinchen gar nicht so schnell laufen kann, wie es soll. Prompt verheddert es sich mit seinen Fußspitzen an einem Warenständer, stürzt und schrammt sich die Knie wund.

Trotz Stress und Hektik sollten wir nie vergessen: Die Würde des Kindes ist unantastbar.

»Mensch, pass doch auf! Hab' ich dir nicht schon x-mal gesagt, du sollst deine Beine heben?!« Hart zerrt die Mutter ihr größeres Kind wieder hoch, während das Kleine mit seinen Patschehändchen einen Jogurtbecher aus einem Regal räumt, der aufplatzend zu Boden kracht. Die Mutter haut dem Kleinen entnervt auf die Finger, ihre Lippen werden noch schmaler, beide Kinder plärren um die Wette. Die Mutter schimpft hysterisch: »Ist jetzt endlich Ruhe?! Ich sag' es euch zum letzten Mal. Es gibt überhaupt keinen Grund, hier so blöd 'rumzuheulen!« Und, zu dem Größeren gewandt: »So schlimm ist das doch wirklich nicht! Jetzt sei so gut und beeil' dich! Du weißt doch, dass wir heim müssen.«

Wenn alles zuviel wird

Wir sind oft total genervt, meinen, dass das, was wir im Augenblick tun, das Allerwichtigste ist auf der Welt. Wir sind so verbohrt in unserem Denken und belanglosen Wichtigkeiten, dass wir neben uns stehen und nicht mehr ein, noch aus wissen. Und genau jetzt

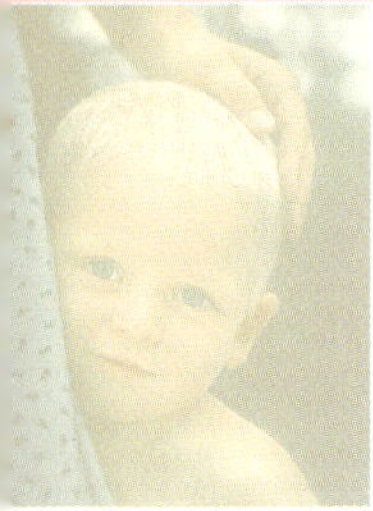

funktioniert auch noch unser Kind nicht richtig, sondern macht zusätzlich Stress! Wer solche Situationen genau betrachtet, wird die Erfahrung machen: Meist passiert den Kindern genau dann ein Missgeschick, wenn Eltern selber unter größtem Druck stehen. Und wie reagieren die? Sie quasseln und quasseln, geben mehrdeutige Botschaften, sind unklar in Sprache, Gestik und Mimik und verunsichern das Kind auf diese Weise noch mehr. So lange, bis es – im wahrsten Sinn des Wortes – zu Fall kommt.

Unklares Verhalten führt zu Störmanövern

Kinder erspüren mit ihrer ganz besonderen Einfühlung, was hinter Wort, Gestik und Mimik steht. Das bedeutet: Wir sollten ihnen und auch uns selbst nichts vormachen.

Dass Erwachsene sich Kindern gegenüber unklar verhalten, geschieht besonders dann, wenn sie sich selbst ihres Denkens und Tuns nicht bewusst sind. Als Sündenbock dient das Kind, das sich weder mit Worten noch mit Taten zur Wehr setzen kann. Je häufiger solche Situationen vorkommen, desto größer ist die Gefahr, dass ein Kind mit Auffälligkeiten und Störmanövern reagiert. Welche Chancen hat es auch sonst? Kinder bummeln, sind unordentlich, erledigen nicht die Aufgaben, die man ihnen aufträgt, provozieren stattdessen, tun das Gegenteil von dem, was von ihnen verlangt wird. Und Eltern reagieren dann oft mit bekannten und aus der eigenen Kinderzeit sehr verabscheuten Sätzen wie: »Jetzt mach' doch endlich weiter!« – »Was brauchst du denn schon wieder so lange!« – »Du bist doch ein alter Schlamper!« – »Musst du mir immer auf den Geist gehen?« – »Kein Kind ist so nervig wie du!«

Die Haltung ist wichtiger als viele Worte

Erziehung von kleinen Kindern bedeutet, sich ihnen ganz und gar zuzuwenden. Sie brauchen einfache und verständliche Worte, durch die sie etwas nachvollziehen können. Weitschweifige Erklärungen verwirren kleine Kinder, statt ihnen zu helfen. Viel wichtiger als viele Worte zu machen, ist es, seinem Kind die eige-

In vielen Fällen hilft Berührung!

Unterstreichen Sie Ihre Worte, je nach Alter und Wesensart des Kindes, auch durch Berührung, und zeigen Sie ihm damit, dass Sie es ernst und wichtig nehmen. Dabei ist ausschlaggebend, wie Sie sich Ihrem Kind gegenüber fühlen, wenn Sie es berühren, um dem Gesagten Nachdruck zu verleihen. Eine liebevoll-zugewandte Festigkeit und Bestimmtheit, ein klarer »Ich meine dich!«-Blick, der auf das Kind geheftet ist, ersetzt meist viele Worte. Problematisch wird es, wenn das Kind die Berührung als Umklammerung oder Bedrohung empfinden könnte. Das ist oft dann der Fall, wenn körperliche Nähe nicht von einer guten emotionalen Verbindung zwischen Eltern und Kind getragen oder wenn sie nicht ehrlich gemeint ist.

nen Werte vorzuleben. Nur ein kleiner Bruchteil, nämlich schätzungsweise zwei Prozent, von dem, was ein Kind im Laufe seiner Erziehung gesagt bekommt, bleibt im Gedächtnis haften. Doch von Anfang an erspürt und erfühlt es die Haltung, die Eltern ihm, aber auch sich selbst und anderen Menschen entgegenbringen. Und diese Haltung sagt stets mehr als tausend Worte!

Man kann bezweifeln, dass sich durch Festhalten die Probleme zwischen Eltern und Kind in den Griff bekommen lassen.

Einige kritische Anmerkungen zur Festhaltetherapie

Kann ein Kind seinen Eltern vertrauen, steht die Beziehung auf einer guten, gefahrlosen Basis; dann reagiert es in den meisten Fällen erleichtert und wird besser strukturiert, wenn Worte durch wohl gemeinte Berührungen zusätzlich unterstützt werden. Die in Deutschland zu Beginn der Neunzigerjahre durch Jirina Prekop bekannt gewordene Festhaltetherapie scheint sich zu einer Art Ge-

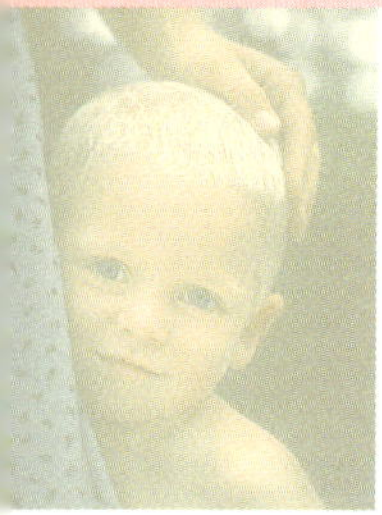

heimtipp für Eltern mit erziehungsschwierigen Kindern zu entwickeln. Dabei geht es darum, ein Kind durch intensives Festhalten zur Veränderung seines Verhaltens zu bringen – und das selbst gegen dessen heftigen Widerstand.

Mauern können auch schützen

Befürworter behaupten, bei dieser »Therapie« werde »die Mauer, die das Kind zum Schutz seiner Seele gegen die Eltern aufgebaut hat, eingerissen, aber auch die Mauer, die die Eltern gegen das Kind errichtet haben« – so die Kinderärztin Dr. Roswitha Spallek in ihrem Buch »Mama, magst du mich?«. Immer häufiger wird diese »Therapie« in Wochenend-Kursen angeboten – etwa »für Mütter, die einen Weg suchen, die Liebe zu ihrem Kind wieder zu finden«: »Die Festhaltetherapie ermöglicht dies oft in wenigen Stunden« (Spallek). Ein Ansatz dieser Methode ist es, Eltern und Kinder in dieser Zeit zu einem sehr intensiven, ausschließlichen Kontakt miteinander zu führen. Das A und O des guten Festhaltens ist jedoch eine emotional stimmige Beziehung. Durch das Festhalten laufen zwischen Kind und Elternteil Prozesse ab, die für einen Laien – im wahrsten Sinn des Wortes – nicht in den Griff zu bekommen sind. Roswitha Spallek räumt zu Recht ein: »Die Festhaltetherapie ist grundsätzlich nur dann einsetzbar, wenn die Eltern bereit und in der Lage sind, ihr eigenes Verhalten kritisch zu durchleuchten und dann auch zu ändern.« Fraglich ist, ob überhaupt jemand ohne Hilfe von außen dazu in der Lage sein kann. Eltern sind mit ihren Kindern emotional viel zu stark verbunden, um »neutral« einen intensiven Prozess wie denjenigen des Festhaltens begleiten zu können.

Jirina Prekop vertritt aber auch die Ansicht, dass ein Kind erziehen heißt, es in der Besonderheit seines Wesens bedingungslos anzunehmen.

Zwangsjacke und Polizeigriff?

So wird dieses Festhalten zur Zwangsjacke und zum Polizeigriff für das Kind – körperlich und emotional. Grundlagen einer guten Erziehung sind Respekt und Achtung vor der Würde des Kindes – vor der Unantastbarkeit seiner körperlichen und seelischen Unversehrtheit. Es darf nicht dazu kommen, dass unter dem Deckmantel des Therapie-Begriffs eigene Gefühle in der körperlichen Auseinandersetzung mit dem Kind ausgetragen werden, auch wenn dies aus der Sicht der Eltern bestimmt nicht so »gemeint« ist. Die meisten Eltern wollen ihrem Kind helfen. Doch gleichzeitig brauchen auch sie selbst oft Hilfe und Halt. Oft wüssten sie zwar, was sie wollen, aber scheitern am Widerstand des Kindes. Ein Widerstand, dessen Ursachen meist verborgen scheinen.

Kinder sind sensible Wesen – sie spüren die innere Haltung ihrer Eltern genau.

Das Gefühl wichtiger zu sein als alles andere

Zu den positiven Ansätzen der Festhaltetherapie zählt, dass die Eltern sich für ihr Kind Zeit nehmen. Während des Festhaltens werden alle Einflüsse von außen vermieden: Telefon- und Türklingel bleiben abgestellt, was ansonsten »eben mal ganz schnell« erledigt werden sollte, muss warten. Das Kind erlebt auf diese Weise, dass es seinen Eltern wichtig ist, und zwar für den Moment wichtiger als alles andere. Und genau darauf kommt es an: Seinem Kind das Gefühl zu geben, wichtig zu sein und geliebt zu werden! Ein Kind, dem dies vermittelt wird, wird auch bei den Eltern bleiben, wenn es nicht festgehalten wird. Denn wann entwischen denn Kinder ihren Eltern? Wenn sie wissen, dass es etwas »zu klären« gibt, wenn Vorwürfe oder Schimpfkanonaden auf sie eindonnern. Erfährt hingegen das Kind Liebe und Annahme, so geht dies gewiss ohne körperliche Gewalt.

Kinder, die sich von ihren Eltern geliebt fühlen, muss man nicht »festhalten«.

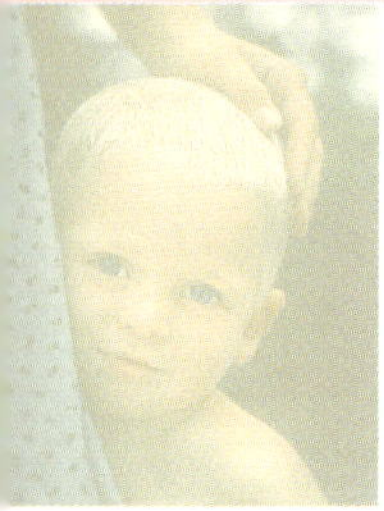

Nicht immer ist vorbeugen besser

»Wenn ich meinem Kind das jetzt erlaube, dann habe ich für immer und ewig schlechte Karten!« – »Wo kommen wir denn hin, wenn ich das jetzt durchgehen lasse?« – »Der tanzt mir irgendwann auf der Nase herum, wenn ich nicht rechtzeitig die Zügel straff ziehe!«

Es ist wichtig, bei der Erziehung sehr konzentriert die momentane Situation im Auge zu behalten: Eigene Verfassung, Alter und Reife des Kindes, Lebensumstände – eben alles, was mit dem Jetzt zusammenhängt.

Sätze wie diese fallen meist, wenn es um Erziehungsmaßnahmen geht, die im Moment für das Kind zwar noch nicht passend sind, aber sozusagen schon mal vorbeugend angewandt werden. Eltern leben dann an der Wirklichkeit vorbei, gehen aus der Gegenwart in eine gedankliche Zukunft, die sie nicht kennen und die dann Probleme mit sich bringt – nämlich dann, wenn die aktuellen Erziehungsmaßnahmen am Kind vorbeizielen.

Das Problem Schlafengehen

»Bernhard ist fünf Jahre alt. Er schläft seit geraumer Zeit in seinem eigenen Zimmer, in seinem Bett. In letzter Zeit kommt er aber immer wieder ins Schlafzimmer, um sich zwischen seine Eltern zu legen. Der Vater ist verärgert: »Wo kommen wir denn da hin! Kommt gar nicht in Frage! Den kriegen wir nie wieder aus dem Bett, und dann haben wir den Salat!«

Bleibt der Vater mit Blickrichtung auf die vermeintliche Zukunft bei seiner Haltung, dann wird er »den Salat« haben. Bernhard sucht ja nicht grundlos bei seinen Eltern Schutz und die Nähe. Somit wäre es die Aufgabe des Vaters zu ergründen, wovor sein Sohn Angst hat, und ihm dann dabei helfen, diese zu überwinden. Oft sind Mütter eher nachgiebig und gewillt, den momentanen Bedürfnissen ihrer Kinder Rechnung zu tragen, Väter beharren häufig stur auf ihrem Bettanteil.

Ziehen sich die nächtlichen Streifzüge und Belagerungen des Elternbettes länger hin, so ist immer individuell die Situation zu erforschen und nach Abhilfe zu suchen.

» *Bernhards Mutter erzählt: »Ich hatte Angst vor dem Einschlafen! Gegenüber meinem Bett hing ein Bild – ein ziemlich dusteres. Wenn ich in meinem Bett lag, musste ich ganz fest die Augen zudrücken, damit ich das Bild nicht ansehen musste. Doch es half nichts – das Bild war schon in mir.« Herr Becher erzählt, dass er Angst davor hatte, seine Augen zu schließen, denn er träumte: »Ich war allein. Es regnete. Ich fühlte die Tropfen. Sehen konnte ich nichts, denn ich war blind. Ich hatte wahnsinnige Angst – jeden Abend, monatelang.« Nachdem das Ehepaar eigene Einschlafängste in sich selbst wieder fand, konnte es sehr einfühlsam mit Bernhards Ängsten umgehen.* «

Wie Kinder besser einschlafen können

→ Es ist wichtig, dass das Kind den Tag verabschieden kann. Nutzen Sie Rituale, mit deren Hilfe das Kind seinen Tag überschauen, strukturieren und gut abschließen kann.

→ Viele Kinder brauchen ein Übergangsobjekt vom Tag in die Nacht. Einige brauchen zusätzlich noch etwas, das nach der Mutter riecht – ein getragenes Nachthemd oder Tuch. Sie haben dann ein »Stück gute, verlässliche Mutter« dabei.

→ Schlafen gehen bedeutet für ein Kind immer auch Abschied. Manche Kinder setzen Schlafen mit Sterben gleich. Auf alle Fälle bedeutet es Trennung und Alleinsein. Es ist wichtig, dass Eltern Einschlafprobleme nicht hauptsächlich als »Waffe«, »Gemeinheit« oder absichtliche Provokation ihres Kindes sehen, sondern sich in diese Übergangsphase einfühlen können. Oft gelingt dies, wenn Eltern in sich selbst Bilder und Erinnerungen ausgraben können, die mit dem eigenen Einschlafen als Kind zu tun haben.

Aktive Erziehungshaltung – praktisch umgesetzt

Erziehung ist Beziehung. Beziehungen sind keine Einbahnstraßen. In vielen Erziehungsratgebern geht es jedoch darum, was Sie als Eltern tun müssen, um Ihr Kind »in den Griff zu bekommen«. Dies mag ein Erziehungsansatz sein, aber er geht nicht auf die eigentliche Beziehung ein. Sie wollen, dass sich Ihr Kind auf allen Ebenen gut entwickelt. Sie besitzen alle Grundlagen, um dieses Ziel umzusetzen. Erziehung berührt Himmel und Erde. Sie ist getragen von Herz und Verstand, von Gefühl und Wissen. In der Berührung mit dem Himmel nehmen Sie als Eltern gefühlsmäßig teil an uraltem Wissen, das seit Generationen in Ihnen vorhanden ist. Daher können Sie gelassen darauf vertrauen, Ihre Erziehungsaufgabe auch dann gut zu erfüllen, wenn Sie nicht mit allen möglichen Erziehungstheorien vertraut sind. Andererseits stehen Sie mit beiden Füßen auf der Erde, um Ihren Alltag gut zu leben. Diese gesunde Mischung von Herz und Verstand, die aktive Erziehungshaltung in der Praxis wird nun näher erläutert.

Herz und Verstand und die Achtung auch vor kleinen Menschen sind die wichtigsten Voraussetzungen für eine gute Eltern-Kind-Beziehung.

Gerecht statt willkürlich

»Ein etwa vierjähriger Junge sitzt ziemlich brav am Tisch, sichtlich bemüht, nichts falsch zu machen. Die Eltern unterhalten sich in gereiztem Ton, es scheint Spannungen zu geben. Der Junge versucht wiederholt, zu dem Salzdöschen in der Tischmitte zu gelangen. Vergeblich: Er hat noch zu kurze Arme. Hilfesuchende Blicke, aber die Eltern bemerken nichts, sind viel zu sehr mit sich selbst beschäftigt. Ein etwas energischer Ruck des Kleinen, sein Ziel doch noch zu erreichen – und schon ist es passiert. Sein volles Limonadenglas fällt um.

»Du Blödmann, kannst du nicht aufpassen!«, brüllt der Vater. »Dich lassen wir das nächste Mal zu Hause, wenn du nicht weißt, wie du dich benehmen sollst!«, zetert die Mutter. «

Solche Ungerechtigkeiten sind häufig. Natürlich könnte das Kind zu einer Erklärung ansetzen, doch wie weit würde es kommen? Ein »Ich wollte doch nur ...« wird mit weiterem Gebrüll der Eltern unterdrückt. Das Kind fühlt sich missverstanden, übergangen, nicht ernst genommen.

Leider lassen Eltern ihre Wut, ihren Ärger oder auch ihre Enttäuschung bezüglich des Partners oft an den Kindern aus.

Kränkende Sätze – viel zu schnell dahingesagt
»Du schon wieder!« – »Immer machst du so was Blödes!« – »Schau mal, wie das Kind am Nebentisch so schön essen kann.« Wenn wir uns an kränkende Sätze aus unserer Kindheit erinnern, dann gehören solche Aussagen dazu. Doch was wir ausgesprochen haben, lässt sich nicht mehr zurückholen, auch wenn wir es oft gerne täten.

Fair statt geringschätzig

»Du Blödmann!« hatte der Vater gesagt. Jeder trifft in jedem Moment seines Tuns eine Auswahl möglicher Reaktionen. Welche Möglichkeiten dies sind, hängt von vielerlei Bedingungen ab. Das Elternpaar im Restaurant hat vermutlich in dieser Situation wenig Stärken und Hilfsmittel – und das Kind wird zum Blitzableiter für die eigene Anspannung.
Manchmal übertrumpfen sich Eltern noch in ihrer Negativhaltung. Wie Hamster in ihrem Rad laufen sie im Kreis der Ablehnung, der Entwertung und des Schlechtmachens ihres Kindes. Hier die Bremse zu ziehen und dem Teufelskreis des Negativen zu entkommen oder sich gar nicht erst hineinzubegeben, gehört auch zu den Aufgaben einer aktiven Erziehungshaltung.

Zeigen Sie gelbe und rote Karten

Doch wo liegen nun die Grenzen, die wir unserem Kind aufzeigen sollten, wo die Grenzen unserer eigenen Toleranz? Sind Fußtritte im Supermarkt gegen Mama's Schienbein oder Wutausbrüche im Kinderzimmer mit einhergehendem Vandalismus akzeptabel?
Wie wäre es mit dem folgenden simplen Verhaltensregel-Modell, das wie beim Fußball nach dem »Gelbe- und Rote-Karten-Prinzip« funktioniert. Denn Spielregeln, nach denen sich Sportler zu verhalten haben, können genauso gut im Kinderzimmer funktionieren.

Die Regeln

- **Im Fairplay-Bereich** spielt sich alles ab, was allgemein erlaubt und erwünscht ist. Was innerhalb der Regeln abläuft, können wir jederzeit akzeptieren und das Spiel »laufen lassen«.
- **Gelbe Karten** gibt es für unerwünschte Verhaltensweisen, die wir zwar nicht toll finden, aber aus gewissen Gründen gerade noch so tolerieren. So sind wir großzügig, wenn das Kind sich noch in einer Lernphase befindet. Zum Beispiel ist es für ein vierjähriges Kind kaum möglich, während den Mahlzeiten bereits sauber mit Messer und Gabel zu essen, die ganze Zeit ruhig am Tisch zu sitzen oder nur dann zu reden, wenn es gefragt wird. Allerdings kann erwartet werden, dass es auf diesen Gebieten Fortschritte macht.
  Auch in turbulenten Zeiten können (oder müssen) Regeln gelockert werden, die ansonsten strenger zu handhaben sind. Erkältete Kinder sind nachts unruhiger oder tagsüber unausgeglichener. Auch wird ein Vierjähriges, das ein Geschwisterchen bekommt, auf seine Eifersucht mit unmotivierten Verhaltensweisen reagieren. Wer die »Ausfälle« seines Kindes dennoch

nicht akzeptieren will, sollte ihm das in jedem Fall klar machen. Doch auch den Umstand, dass unsere Toleranz nur auf der Ausnahmesituation beruht, sollten wir dem Kind mitteilen.

➟ **Rote Karten** gibt es für Fälle, die wir für unmoralisch oder sozial unannehmbar halten – etwa wenn das Wohlergehen des Kindes oder anderer Menschen gefährdet ist oder wenn es sich um Straftaten handelt.

Die behutsame »Auszeit« – ein hilfreiches Mittel

Wer mit der »roten Karte« klare Grenzen für unangemessenes Betragen setzt, sollte seinem Kind die Folgen des Tuns klar machen und ihm die Regeln für nicht eingehaltene oder gebrochene Grenzen mitteilen.
Zu einer solchen Regel kann für Kinder ab drei Jahren zum Beispiel eine »Auszeit« gehören. Das heißt: Das Kind wird kurzfristig von angenehmen Unternehmungen mit Gleichaltrigen oder erwachsenen Bezugspersonen ausgeschlossen. Allerdings sollte eine solche »Auszeit«, die ja einer Isolation gleichkommt, sehr behutsam und sehr rar eingesetzt werden, um ihr nicht die Wirkung zu nehmen. »Hausarrest« oder »Spielverbot« als Gewöhnungsstrafen führen letztlich zu nichts. Denn in dieser Zeit soll ja das Kind die Möglichkeit bekommen, sein falsches Verhalten zu beenden, wieder zu sich zu kommen und einen positiven Neuanfang zu starten. Dies wird durch ablehnende und erniedrigende Worte, Gesten oder Aktionen erschwert, wenn nicht sogar verhindert. Eine falsch eingesetzte »Auszeit« führt beim Kind oft zu einer Trotzreaktion und dem Gefühl, ausgestoßen zu sein.

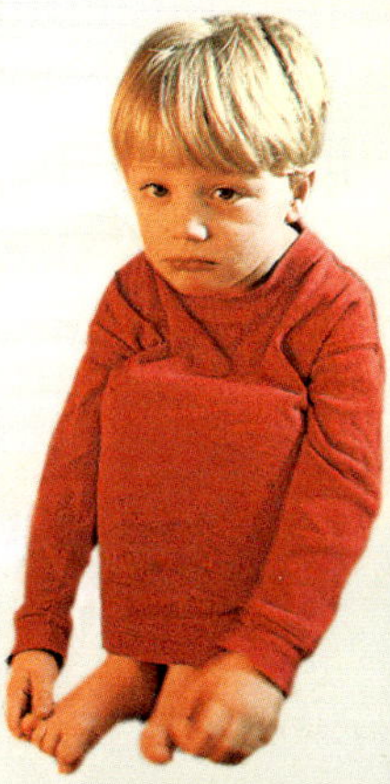

Zuverlässig statt launisch

»Du, Mami«, fragt Martin, »gibst du mir bitte die Spielzeugkiste vom Schrank, ich will mit den Legosteinen spielen.« »Gleich, warte«, sagt die Mutter und räumt den Tisch ab. »Du, Mami, bitte …« Martin setzt sich auf das Sofa und sieht seiner Mutter zu, wie sie jetzt das Geschirr in die Spülmaschine ordnet. »Mami, wie lange soll ich noch warten?« Die Mutter, die jetzt das Spülbecken blank putzt, reagiert gereizt: »Mensch, ich hab so viel Arbeit, jetzt lass mich meine Dinge tun und dann hab ich Zeit für dich!« »Aber ich will doch nur …« Martin kommt nicht weiter mit seinem Satz, denn nun wird die Mutter laut: »Du könntest ja ruhig mal mit zulangen. Würdest du nicht nur den Pascha spielen, dann hätte ich mehr Zeit und könnte auch Dinge tun, die für mich wichtig sind.« »Aber Mami …« Jetzt explodiert die Mutter vollends: »Ich kann es nicht mehr hören, dieses ständige Gequengel! Jetzt ist Schluss mit dem Generve! Dass du es nur weißt: Deine Legosteine kannst du dir abschminken!«

Kinder »sehen« Arbeit nicht. Wenn sie etwas helfen sollen, muss dies besprochen werden.

Später am Abend:

»Mama, du hast versprochen, mich zum Schwimmkurs zu bringen.« »Aber wirklich nicht! Du tust ja auch nichts für mich!« »Was hätte ich denn tun sollen?« »Heute früh zum Beispiel, da hast du mich nur genervt. Aber geholfen hast du mir nicht. Obwohl wirklich nichts dabei gewesen wäre, den Tisch abzuräumen.« »Ich hab's nicht gewusst, dass du das von mir willst, Mama.« »Nicht gewusst, nicht gewusst! Alles muss man dir dreimal sagen! Den Mund rede ich mir fusselig. Du kannst ruhig selbst mal sehen, wo du mit anpacken kannst.« »Mama, ich hab's aber wirklich nicht gesehen.« »Eben: Weil du ein blindes Huhn bist!«

Kinder brauchen klare Abmachungen und Hinweise, was sie zu tun haben. Dies sollte gut besprochen werden. Wenn es Martins Aufgabe ist, den Tisch abzuräumen und die Spülmaschine einzusortieren, dann muss ihm dies die Mutter klar sagen. Wenn er es

Hausarbeit eignet sich nicht als Druckmittel

Manche Eltern belohnen ihr Kind für Hausarbeit oder setzen sie als Druck- oder Erpressungsmittel ein. Beides ist problematisch. Kinder sollten von Anfang an mit kleinen Aufgaben im Haushalt betraut werden. Auch wenn sie dabei Unterstützung brauchen, sollten Eltern ihnen etwas zumuten und zutrauen. Aussagen wie: »Das kannst du nicht, dazu bist du noch zu klein!« oder »Du Tollpatsch, lass die Finger weg!« sind unmotivierend und führen dazu, dass Kinder sich dumm anstellen, weil sie sich dumm fühlen.

trotzdem vergisst, ist es hilfreich, mit dem Kind zusammen Gedächtnisstützen zu überlegen. Zum Beispiel altersgemäße Merk- oder Erinnerungszettel, die es selber malen kann.
Geeignet sind auch Magnetstecker am Kühlschrank, mit denen die Aufgabenzettel fixiert werden, oder Ergänzungen im Stundenplan bei Schulkindern.

Kinder in die Hausarbeit zu integrieren, gelingt umso besser, je eher auch Väter abspülen, staubsaugen, den Müll wegbringen etc.

Achtsam statt teilnahmslos

»Marina malt in der Therapiestunde ein wunderschönes Bild mit einem Zauberfisch. Dabei blickt sie immer wieder auf, um zu sehen, was die Therapeutin tut. Nach einer Weile fragt sie verwundert: »Was machst du?« »Ich schaue dir zu«, antwortet die Therapeutin wahrheitsgemäß. »Warum tust du nichts?« »Marina, ich schaue dir zu, das ist doch etwas.« »Aber warum tust du nichts Wichtiges?« Auf diese Weise erfährt sie, dass Marina zu Hause immer allein spielen, malen, basteln oder sich anderweitig beschäftigen muss. Ihre Mutter sage dann: »Ich habe etwas Wichtigeres zu tun.« Und der Vater: »Ach du, mit deiner Spielerei.«

Achtsam ist mehr als aufmerksam

Marina war zur Therapie angemeldet worden, da sie sehr scheu ist und ein sehr geringes Selbstwertgefühl hat. Sie traut sich wenig zu, ist überängstlich und unsicher. Kinder brauchen Achtsamkeit und Aufmerksamkeit. Achtsamkeit ist mehr als Aufmerksamkeit, sie ist Achtung und Respekt. Sie unterscheidet sich von der Aufmerksamkeit durch einen weicheren, sanfteren Blick, hinter dem mehr Gelassenheit steht. Kinder brauchen Aufmerksamkeit für ihr Tun. Das Tun, das dem Kind entspricht, ist das Spiel. Es ist die Grundlage, auf dem alles andere aufbaut: Denken, Lernen, Sprechen, soziale Fähigkeiten und nicht zuletzt die Entfaltung der notwendigen Eigenschaften, die wir alle brauchen, um unseren Alltag leben und bestehen zu können.

Auch hier ist wieder die Balance ausschlaggebend, die Mischung aus aktiver und passiver Teilnahme der Eltern. Ein Kind fühlt sich gut, wenn das, was es tut, ernst genommen wird. Und es kann enorme Kräfte entfalten, wenn es spürt, dass man ihm etwas zutraut, dass man das, was es tut, wirklich bewundert.

Lieber negativ auffallen als gar nicht

Manchmal wollen Kinder ganz einfach testen, ob Sie auch genau hinschauen, ob Sie es wirklich ernst nehmen. Immer wieder kommt es vor, dass Eltern kaum einen Blick auf die Schöpfungen ihrer Kinder werfen, dann aber »wunderbar!«, »ganz toll gemacht!« oder »prima!« ausrufen. Schauen Sie in so einem Fall die Arbeit Ihres Kindes gut an und lassen Sie sich erzählen, was es hier geschaffen hat. Sagt es dann: »Ach, lass mal. Ist nur Kritzi-Kratzi.«, dann fragen Sie nach, ohne Ihr Kind vom Gegenteil überzeugen zu wollen oder gekränkt zu sein.

Schenken Sie Ihrem Kind Zeit, ehrliches Interesse und Aufmerksamkeit – nicht nur teures Spielzeug.

Erlebt Ihr Kind, dass Sie an dem teilnehmen, was es tut, dann braucht es nicht um Ihre Anteilnahme zu kämpfen, zu betteln oder durch ungezogenes Verhalten Aufmerksamkeit zu provozieren. Wenn Kinder nerven, dann manchmal deswegen, weil sie lieber negative Beachtung auslösen als gar nicht gesehen zu werden.

Für Kinder ist spielen Arbeit. Wer Kinder »einfach so« aus dem Spiel reißt, muss mit entsprechender Revanche rechnen.

Von der Haltung zum Verhalten

››Das Ehepaar Mittler beschwert sich über Severin (7 Jahre) und Bianca (4 Jahre). »Die beiden sind total schwierig: Mal will er was, aber sie nicht. Und dann wieder möchte sie und er nicht! Zum Verrücktwerden!«, ereifert sich der aufgebrachte Vater. Frau Mittler erzählt: »Das geht schon beim Frühstück los! Verzogene Bande! Besorge ich Brötchen, will sie Brot und er Müsli oder sonst was – jedenfalls nie das, was auf dem Tisch steht. Dann muss Severin zur Schule. Das ist jedesmal ein Gezeter, bis der aus dem Haus ist! Ich muss ihm alles nachtragen, ihn an alles erinnern. Das Pausenbrot vergisst er auch regelmäßig in der Küche. Ich bin jedesmal froh, wenn die Türe hinter ihm zufällt. Danach will ich Bianca zum Kindergarten bringen, damit ich endlich meine Hausarbeit machen kann, weil es bei uns jeden Morgen aussieht, als hätte eine Bombe eingeschlagen. Wenn ich dann in ihrem Zimmer stehe und sage: ›Komm, ich bringe dich in den Kindergarten!‹, habe ich das nächste Theater. Nie will sie mitgehen.« Die Therapeutin fragt, womit Bianca beschäftigt ist. »Ach, die spielt bloß irgendwas«, antwortet die Mutter verdutzt.‹‹

Auch Kinder im Vorschulalter haben schon einen eigenen Geschmack, eigene Wünsche und Vorstellungen.

An diesem Beispiel können wir in mehreren Situationen gut erkennen, wie innere Haltung der Eltern und tatsächliches Verhalten der Kinder zusam-

menhängen. Es ist offensichtlich, wie wenig die Mutter die Wünsche und Vorlieben ihrer Kinder beim Frühstück achtet. Da sich Vorlieben und Geschmäcker verändern, lassen sich Enttäuschung und Ärger vermeiden, wenn besprochen wird, was die Einzelnen gerne hätten. Dies bedeutet nicht, dass Mütter ein Frühstücksbüfett aufbauen müssen wie im Vier-Sterne-Hotel. Doch wenn Kinder erleben, dass sie mitbestimmen dürfen, was sie gerne essen, dann ist dieser Teil des allmorgendlichen Theaters sicher zu lösen. Was Frau Mittler einen Streich spielt, ist ihre innere Einstellung.

Ihre Überzeugung, ihre Kinder seien verzogen und sie könne ihnen sowieso nichts recht machen, erübrigt den Versuch, zu klären, wie die Situation so verändert werden kann, damit eine angenehme Stimmung entsteht.

Ist es wichtiger, jeden Tag das Kinderzimmer aufzuräumen oder die Bedürfnisse der Kinder zu erfragen?

Kinder abholen – durchaus (k)eine Kunst

»Frau Weinhold holt ihre Tochter Angelika von der Therapiestunde ab. Die Stunde ist zu Ende, aber Angelika ist noch in der Puppenecke in ihr Spiel vertieft. Die Mutter betritt den Raum, geht neben dem Puppenhaus in die Hocke – also auf gleiche Ebene mit ihrer Tochter –, schaut ihr ein paar Sekunden zu und fragt dann: »Spielst du noch?« Angelika blickt ihre Mutter an und nickt. Nach einer kurzen Pause sagt Frau Weinhold: »Deine Stunde ist zu Ende. Ich möchte jetzt mit dir nach Hause gehen. Aber nächste Woche kommst du ja wieder.« Erneut lässt die Mutter dem Kind ein paar Sekunden Zeit. Angelika nickt, legt noch die Babypuppe in die Wiege zum Schlafen, schaut ihre Mutter an und sagt: »Ja, wir können gehen.«

Frau Weinhold spricht Angelika ruhig an und geht darauf ein, was diese gerade tut. Sie holt ihr Kind – in der Wirklichkeit, aber auch in übertragenem Sinn – von dort ab, wo es gerade ist. Sie zeigt ihrer Tochter auch, dass sie deren Spiel ernst nimmt, dass sie daran teilnimmt. Spürbar ist auch, dass die Mutter das Tun ihres Kindes

Kinder reagieren auf jedes Gefühl

Wichtig ist nicht nur, dass ein Kind dort abgeholt wird, wo es gerade ist, sondern auch, wie dies geschieht. Unruhe, Nervosität, Ungeduld, Ärger: Kurzum, all Ihre Gefühle übertragen sich in Bruchteilen von Sekunden auf Ihr Kind. Wenn Sie ihm mit solchen negativen Gefühlen begegnen, also agieren, dann kann es gar nicht anders, als seinerseits mit auffälligem Verhalten zu reagieren. So tun Sie sich wirklich etwas Gutes: Nehmen Sie sich die Zeit, zunächst Ihre innere Einstellung zu überprüfen, und gehen Sie erst dann auf Ihr Kind zu.

schätzt, dass sie ihm Wert beimisst. Sie lässt der Tochter eine kurze Pause, damit sie sich orientieren kann. Auch, als die Mutter ruhig und bestimmt sagt, dass die Zeit für heute vorbei ist, fühlt sich Angelika ernst genommen. Nicht zuletzt, weil ihr auch das Wiederkommen in Aussicht gestellt wird, kann sie ihr Spiel für diesmal gut abschließen. Das alles ist sehr einfühlsam. Frau Weinhold hat in dieser Szene unbewusst, sozusagen automatisch, reagiert. Es ist ihre Art geworden, mit ihrer Tochter ruhig und einfühlsam umzugehen. Doch sie hat diese Art des Umgangs mit ihrer Tochter auch erst lernen müssen. Am Anfang hatte sie Bedenken, sich zu sehr zu verkünsteln. Aber da sie diese Szene immer wieder gedanklich durchspielte, war ihr bald bewusst: Sie erreicht ihre Tochter nur dann wirklich, wenn sie sie dort abholt, wo sie tatsächlich ist. Dieser veränderte Umgang macht es der Mutter möglich, innere Teilnahme und Respekt vor dem zu bekommen, was ihr Kind tut. Irgendwann wird dann aus einer anfangs möglicherweise ungewohnten Art der Kommunikation, des bewussten Verhaltens, eine ganz normale – sicher auch von Frau Weinhold kaum noch als besonders wahrgenommene – Haltung.

Wer später, wenn die Kinder größer sind, nicht wegen jeder Kleinigkeit gestört werden möchte, muss jetzt Vorbild sein.

Gelassen statt unterdrückend

»Sven und Tanja sind hungrig und quengeln: »Mami, wo bleibt das Essen?« »Mein Bauch ruft schon ganz laut: Hunger, Hunger, Hunger!« Frau Unger steht in der Küche und ist schon ziemlich genervt. Heute ist einfach ein Tag, an dem sie lieber irgendwo anders sein wollte als hier in ihrer Küche. Beide Kinder wollen lieber beim Tischdecken helfen. Sie streiten sich, wer das Geschirr aus dem Schrank holen darf. Plötzlich: »Klirr« – drei Gläser kaputt.«

Die gute Absicht erkennen

Jeder kann sich vorstellen, wie die Reaktion von Frau Unger auf das Verhalten der Kinder aussieht: Sie kann Sven und Tanja jetzt anschreien, ihre schlechte Laune abreagieren und die beiden Kinder aus der Küche schicken. Sie hat aber auch die Möglichkeit, auf die Absicht ihrer Kinder zu reagieren. Denn dann hat sie eine wesentlich angenehmere Auswahl an Verhaltensweisen – für alle Beteiligten. Die Absicht der Kinder ist, der Mutter mitzuteilen, dass sie hungrig sind und sich aufs Essen freuen. Weiter sieht es so aus, als möchten sie ihre Mutter unterstützen, indem sie beim Tischdecken helfen wollen. Geschirr auf den Tisch stellen zu dürfen, ist eine besondere Auszeichnung. Und so will jedes Kind natürlich groß, klug, zuverlässig sein und dies der Mutter auch beweisen. Gleichzeitig geht es wohl auch darum, das Geschwister auszustechen und den Rivalitätskampf ums Geschirr zu gewinnen. Und nicht zuletzt haben die beiden Kinder Hunger. Ein leerer Magen macht aggressiv, unkonzentriert, unru-

Küche, Kinder, Katastrophe – es gibt Tage, da sind Dosenravioli die bessere Alternative.

hig und nicht gerade ruhig und gelassen. Je nachdem, worauf die Mutter nun reagiert, wird die Auswirkung sich sehr stark unterscheiden. Konzentriert sie sich auf das Verhalten der Kinder, dann wird sie sie schimpfen, zurechtweisen, vielleicht sogar bestrafen. Die Folge wäre, dass sich die Kinder unverstanden fühlen würden, denn sie hatten ja die Absicht, zu helfen. Wir alle kennen Kindersätze wie: »Ich wollte doch nur ...«, »Warum werde ich jetzt geschimpft?«, »Immer ich ...«

Auch kleine Kinder können verstehen, dass Mütter manchmal einen nicht so guten Tag haben. Es ist wichtig, dass sie erkennen können, das Mamas schlechte Laune nichts mit ihnen zu tun hat.

Gelassen bleiben

Gelingt es Frau Unger, trotz ihrer eigenen Missstimmung die gute Absicht hinter dem scherbenbringenden Verhalten zu erkennen, dann könnte sie den Kindern Alternativen ihres Handelns aufzeigen. »Also, ihr seid sehr hungrig, aber ich brauche heute in der Küche etwas länger, weil ich ziemlich schlechte Laune habe. Und jetzt wolltet ihr helfen – und dabei sind die Gläser zu Bruch gegangen.« Gelingt es also Frau Unger, nicht mit Druck zu reagieren, könnte sie mit den Kindern besprechen, wer die Scherben aufkehrt und wer den Tisch deckt. Das Problem in diesem Fall ist vermutlich die eigene Stimmung von Frau Unger. Ist sie in der Lage, ihren Kindern ohne Vorwurf zu vermitteln, dass sie heute keinen besonders guten Tag hat, sind diese bestimmt bereit, auf sie Rücksicht zu nehmen. Nimmt sie dagegen diesen Vorfall zum Anlass, Dampf abzulassen und ihre sowieso schlechte Laune nun an ihren Kindern auszulassen, dann lernen die dabei nur: Große haben immer das Recht, Kleine misszuverstehen und sie zusätzlich als Blitzableiter zu benützen.

Wie man zum Versager wird

»*Herr Eligmann sagt von seinem Sohn Norman: »Der Tölpel, was er anfasst, geht kaputt.« Norman sagt: »Ich bin sowieso blöd, sagen meine Eltern. Aus mir wird höchstens mal ein Straßenfeger.*«

Das, was die Eltern über Norman sagen, was sie ihm zuschreiben, bestimmt letztlich sein eigenes Gefühl von sich selbst. Er wird als Versager gesehen, also verhält er sich wie ein Versager. Und irgendwann ist er dann tatsächlich einer. Entmutigte Kinder kommen sehr schwer aus dem Teufelskreis von Zuschreibungen ihres Verhaltens und der Bestätigung dieser Zuschreibung heraus. Häufige Folgen davon sind innerer und äußerer Rückzug, verbunden mit Aggression gegen sich selbst und/oder andere.

Wenn Erziehung dazu führt, Kinder zu entmutigen und ihnen dummes Zeug einzureden, das sie dann selbst für wahr halten, wenn Erziehung Kindern das Recht auf eine eigene Persönlichkeit vorenthält und sie in ihrem Selbstwertgefühl beschädigt, dann werden diese Kinder irgendwann weder Respekt und Achtung vor sich selbst noch vor anderen Menschen haben.

Nicht Erzieher(innen), Lehrer(innen) oder irgendwer anderer ist dafür verantwortlich, dass aus einem Kind etwas wird: Eltern haben den größten Einfluss.

Sind Mädchen dümmer als Jungen?

Vor vielen Jahren übernahm ich eine Hauptschulklasse, in der die Mädchen auffällig schlechte Noten in Mathematik hatten. Nachforschungen ergaben, dass der Lehrer der letzten beiden Jahre absolut davon überzeugt war, Mädchen seien weniger begabt und hätten vor allem von Mathematik »keine Ahnung«. Es dauerte Monate, bis es den Mädchen gelang, diese Zuschreibung zu verabschieden. Denn längst waren sie tatsächlich selbst davon überzeugt gewesen, dümmer zu sein als Jungen. Die vorhergehenden Ergebnisse von Probearbeiten hatten dies ja scheinbar ständig bestätigt. Nach der Veränderung der Einstellung zu sich selbst konnten die Mädchen ihre wirklichen Begabungen entdecken und zu ungeahnten Höhenflügen ansetzen.

Selbstbeherrscht statt gewalttätig

»Ich kann machen, was ich will, mein Sohn nimmt mich nicht ernst.« »Bea erzählt mir ständig irgendwelche Märchen und behauptet dann auch noch, nicht zu lügen. Chris führt mich doch immer an der Nase herum!« »Der Bengel hört nur auf mit seiner Nerverei, wenn ich anfange zu schreien oder ihm drohe, ihn jetzt gleich zu versohlen.«

Aussagen wie diese sind eindeutige Hinweise darauf, dass sich Eltern ihren Kindern gegenüber ohnmächtig fühlen. Da sie dieses Gefühl aber so nicht aushalten können und wollen, verwandeln sie ihre eigene Ohnmacht in Macht – sie werden überstreng, gewalttätig, grenzüberschreitend. Damit beginnt ein Teufelskreis. Erleben Kinder, dass Eltern ihre Hilflosigkeit durch Machtmittel ersetzen, dann übernehmen sie genau diese Handlungsweise. Sie gehen auf den Machtkampf ein, werden störend-auffällig, renitent, trotzig, aggressiv und übergriffig. Dem Kind Grenzen zu setzen und seine Grenzen zu achten – dies sind zwei Seiten der gleichen Medaille. Ihr Kind möchte wirklich von Grund auf geliebt und geachtet werden, möchte lernen und verstehen. Doch das wird ihm nur gelingen, wenn Sie ihm Handlungsalternativen aufzeigen. Manche Eltern sind rat- und hilflos, weil sie das Gefühl haben, keinen Zugang zu ihrem Kind zu finden, es nicht zu erreichen.

Wenn Sie grenzüberschreitend, also übergriffig werden, selbst wenn dies »gut gemeint ist«, lernt Ihr Kind an Ihrem Beispiel.

Die Spätfolgen

Das Kind lernt an Ihrem Beispiel, seine Probleme mit Gewalt zu lösen, Kleinere und Schwächere zu unterdrücken und sich gegenüber Größeren und Stärkeren zu verstellen. Es lernt die fragwürdige Überlebensmethode »Nach unten treten, nach oben buckeln« und sucht sich nach der Methode »Ober sticht Unter«

Kleinere und Schwächere aus, um an ihnen seine eigene angestaute Wut entladen zu können. Oder es zerstört Dinge, fängt an zu stehlen, zu zündeln, zu lügen. Bestimmte Verhaltensweisen wie Entmutigung, Bevormundung oder Verharmlosung machen Kindern das Leben schwer – und dann machen Kinder den Eltern das Leben schwer. Dieser Prozess setzt oft mit einiger zeitlicher Verzögerung ein, sodass manche Eltern sich selbst völlig »unschuldig« fühlen am Fehlverhalten ihrer Kinder. Leider gibt es Eltern, die nicht bereit sind, sich selbst zu hinterfragen. Sie suchen grundsätzlich andere Schuldige. Die Haltung: »Ich wasche meine Hände in Unschuld« macht eine Veränderung der Familienbedingungen fast unmöglich und nimmt damit dem Kind viel von seiner Chance, nachzureifen.

Oft sind Eltern damit überfordert, sich selbst einen Spiegel vorzuhalten und herauszufinden, was das Verhalten ihres Kindes mit ihrem eigenen Verhalten zu tun hat.

Aus geschlagenen Kindern werden oft schlagende Eltern

Wer auf sein Kind wütend und ärgerlich ist und knapp davor steht, die Beherrschung zu verlieren, sollte keinesfalls seine Worte durch körperliche Aktionen unterstreichen. Entlasten Sie sich mit einer kurzen Auszeit, um sich innerlich zu sammeln. Körperliche Übergriffe verletzen nicht nur den Körper, sondern auch die Seele eines Kindes. Aus geschlagenen Kindern werden leider meist auch schlagende Eltern.

Prügel als Maßnahme, Gehorsamkeit zu erzwingen?

Wer Kinder mit Ohrfeigen oder anderweitiger körperlicher Züchtigung droht, erreicht auf den ersten Blick auf schnellstmöglichem Weg sein Ziel: Das Kind hört auf, sich danebenzubenehmen, wir ersparen uns Erklärungen und Diskussionen, es herrscht wieder (scheinbar) Friede, Ruhe und Ordnung. Doch wir verpassen die Chance, unserem Kind Lösungsmethoden anzubieten, Selbstbe-

Sieben Tipps, die Gewalt vermeiden helfen

1. Sorgen Sie rechtzeitig dafür, dass Ihr Kind merkt, wie wichtig Ihnen ist, was Sie sagen. Vermeiden Sie eine ständige Wiederholung sinnloser Sätze wie: »Hör jetzt auf damit!«, »Benimm dich endlich ordentlich!«. Hört Ihr Kind nicht auf das, was Sie sagen, blicken Sie es an und fordern Sie es ruhig, aber sehr fest und bestimmt auf: »Ich möchte, dass du jetzt deine Spielsachen aufräumst.« Sie sind als Erwachsener dafür verantwortlich, sich so zu verhalten, dass das Kind versteht, was Sie von ihm wollen.
2. Sprechen Sie kindgemäß. Ihr Kind braucht keine ausschweifenden Erklärungen, weil seine Konzentration bei zu vielen Worten verloren geht.
3. Zwingen Sie Ihr Kind nicht, Sie anzuschauen. Es kommt sonst zu einem Kampf, in dem es nur Verlierer gibt. Aber schauen Sie Ihr Kind an! Selbst wenn es Sie scheinbar nicht wahrnimmt: Es wird Sie aus den Augenwinkeln beobachten.
4. Respektieren Sie, wenn Ihr Kind Ihnen zeigt, dass es nicht berührt werden möchte. Sonst ist ein Kampf angesagt, der oft in körperlichen Übergriffen gegen das Kind endet.
5. Vermeiden Sie körperliche Nähe oder Berührung im Zustand großer Erregung. Die Gefahr, Ihr Kind zu verletzen, ist viel zu groß. Versuchen Sie, zur Ruhe zu kommen. Geht das nicht, sagen Sie Ihrem Kind: »Ich bin sehr aufgeregt. Jetzt brauche ich Abkühlzeit. Danach werde ich mit dir sprechen.«
6. Sperren Sie Ihr Kind nicht ein. Wenn Sie Ruhe wollen, Ihr Kind aber den Raum nicht verlassen will, dann suchen Sie eine andere Möglichkeit.
7. Ist Ihr Kind gewohnt, dass Sie hundertmal etwas sagen, ohne konsequent zu sein, wird es sich mit seinem Verhalten darauf einstellen. Deshalb: rechtzeitig für Gehör sorgen.

Wer sich durch Drohen und Prügel Respekt verschafft, wird selten Liebe ernten.

herrschung und den Umgang mit seinen Gefühlen zu lernen. Wer mit Prügel droht – oder sie anwendet –, züchtet in seinem Kind Gefühle von Ohnmacht, von unfairer Behandlung, von Wut auf die Eltern. Wer sein Kind schlägt, zeigt ihm am eigenen Beispiel, dass man mit Aggression sein Ziel erreichen kann. Wenn nun also ein auf diese Weise bestraftes Kind im Freundeskreis seine Ziele durchsetzen möchte, wird es bei Gelegenheit ebenfalls zum Mittel der Schläge greifen. Untersuchungen haben gezeigt:

- Jugendliche, die in der Kindheit gezüchtigt wurden, neigen dazu, ihre eigenen Eltern zu schlagen.
- Wer als Kind regelmäßig mit Prügeln bestraft wurde, wird als Erwachsener mit großer Wahrscheinlichkeit offen oder versteckt gewalttätiges Verhalten an den Tag legen.
- Kinder, die von ihren Eltern geschlagen wurden, sind selten bereit, diesen im Alter unter die Arme zu greifen.

Gewalt hat viele Gesichter

Das Abhängigkeitsverhältnis von Kindern zu ihren Eltern beruht auf bedingungslosem, kindlichem Vertrauen.

Kleine Kinder vertrauen ihren Eltern bedingungslos. Sie sind ihnen auf Gedeih und Verderb ausgeliefert, sind absolut abhängig von ihnen und lieben sie, weil sie gar nicht anders können. Diese abhängige, ausgelieferte Haltung der Kinder verleitet so manche Eltern dazu, sie nicht ernst zu nehmen. Stattdessen werden sie missbraucht, um sich und andere zu belustigen, oder durch strenge, herrische Erziehungsmaßnahmen erschreckt und verängstigt. Kinder brauchen Eltern, die ihnen in jeder Situation helfen, sich zu entwickeln und zu reifen. Sie brauchen keine Eltern, die sie niederbrüllen, mit

Hohn und Spott überschütten, sie festhalten oder haltlos ausufern lassen.

»*Ein heißer Sommertag im Freibad: Ein Vater steht mit seinem etwa eineinhalb Jahre alten Sohn im Bereich der kalten Dusche. »Zum Spaß« drückt der Vater auf den Duschknopf. Der Junge erschrickt furchtbar, als ohne Vorwarnung das eiskalte Wasser auf ihn herunterprasselt. Der Vater amüsiert sich köstlich über sein laut brüllendes Kind, zeigt mit dem Finger auf ihn und macht dumme Bemerkungen dazu.*«

Immer wieder werden Kinder mit Situationen konfrontiert, die Angst machen. Es hängt von den Eltern ab, wie diese Situationen verarbeitet werden und welche Spuren sie für die weitere Entwicklung hinterlassen.

Ein Musterbeispiel dafür, wie Eltern ihre Kinder zu Belustigungszwecken regelrecht missbrauchen. Dieser Vater nimmt die eindeutige Angst seines Sohnes nicht wahr und verhält sich ihm gegenüber somit grausam und gewalttätig – eine häufige Form der Gewalt gegen Kinder.
Kleine Kinder sind leicht zu beeinflussen und bequem zu dressieren, man kann ihnen auch gut Angst machen und damit seine eigenen Ängste überspielen, man kann sie für eigene Zwecke missbrauchen, ohne Konsequenzen befürchten zu müssen. Man kann so sehr schnell und einfach seine primitivsten Machtbedürfnisse befriedigen.
Kinder sind Wachs in unseren Händen, sie sind formbar und verformbar. Dazu fällt uns das Lied »Sind so kleine Hände« der Liedermacherin Bettina Wegner ein, das von der Verletzbarkeit und Verformbarkeit von Kindern erzählt, die daran zerbrechen, wenn wir unsere erwachsenen Kräfte ausnützen, den Kindern – wie auch immer – Gewalt anzutun. Bettina Wegner beschreibt in diesem Lied sehr eindrucksvoll, wie weitreichend – auch nicht körperliche – Gewalt ist. Sie ermahnt uns, ein kleines Rückgrat nie zu beugen, da es sonst zerbricht, und beklagt, dass es in unserer Gesellschaft schon genug Menschen ohne Rückgrat gibt.

Grenzen setzend statt orientierungslos

»Würde ich auf bestimmten Regeln bestehen, schadete ich damit der Seele meiner Kinder. Mit diesen gemeinen Grenzsetzungen könnte ich ihre Freiheit einschränken und ihre Spontaneität, Kreativität, ja, ihre ganze Lebensfreude abwürgen! Ich finde, man sollte ihnen keine Zwangsjacke anziehen!« Frau Sonntag hält mit hochroten Wangen einen Vortrag voller »würde«, »könnte« und »sollte«. Tatsache ist, dass ihre Kinder Olav (5 Jahre) und Annelie (7 Jahre) überall anecken, kaum Freunde haben und bei Verwandten und Nachbarn »gefürchtet« sind. Sieht man genau hin, wirken sie bei alledem ziemlich unglücklich. Frau Sonntag ist im Grunde über ihre Kinder sehr ungehalten. Denn diese »Wilden« bereiten ihr Druck und zeigen keinerlei Respekt.«

Viele Eltern haben Probleme, Grenzen zu setzen – aufgrund eigener Erfahrungen und durch Erlebnisse mit ihren Kindern.

Grenzen setzen wird von den Erziehenden selbst häufig negativ besetzt. Das drückt auch Frau Sonntags Auffassung aus, Grenzsetzung sei gemein. Der Begriff steht für Einengung, Bevormundung, Strafe, fehlendes Einfühlungsvermögen, Gewalt, autoritäres Gehabe und vieles Ähnliches mehr. Die einseitige Fehlbewertung des Begriffes »Grenzsetzung« hat zwei Hauptursachen:

- Unsere eigenen negativen Erfahrungen. Wir erinnern uns aus der eigenen Kindheit oft vorwiegend an Erfahrungen mit Grenzsetzung, wenn sie uns wehgetan haben oder wenn wir sie als ungerecht oder überflüssig empfunden haben.
- Die Erfahrungen mit unserem Kind. Es wird sich nur sehr selten dafür bedanken, dass ihm Grenzen aufgezeigt werden. Normale Reaktionen sind vielmehr Widerwillen, Widerstand, Unmut. Das trübt das »Gute-Mutter-Gewissen« wie eine dunkle Wolke. Viele Mütter können mit Widerstand selbst sehr schwer umgehen. Andere erwarten immer eitel Sonnenschein.

Kinder lernen am Beispiel Erwachsener

»*Wenn Mona mich beißt, dann streichle ich sie ganz lieb und sage: ›Mami liebt dich über alles!‹*«

Immer mehr Eltern werden zu Sklaven, Mägden und Knechten, zum Bodenpersonal ihrer Kinder.

Kinder lernen und begreifen am Beispiel der Erwachsenen. Eltern, die sich von ihren Kindern Schimpfwörter gefallen lassen, die sich körperlichen Attacken gegenüber nicht zur Wehr setzen, haben keine Achtung vor sich selbst. Hätten sie diese, würden sie dies zum Ausdruck bringen. Wird schon so sein, dass Mami Mona liebt, aber nicht sich selbst. Doch wie soll Mona die Bedeutung von Respekt und Achtung erleben, wenn sie es nicht vorgelebt bekommt? Es ist wichtig, die eigenständige Persönlichkeit eines Kindes zu respektieren und seine Individualität zu achten. Doch es ist ebenso wichtig, Kinder so zu erziehen, dass sie die Erwachsenen respektieren. Doch das ist manchmal leichter gesagt als getan, denn Kinder achten und respektieren nur die Personen, die sich selbst achten und respektieren.

Einst galt der Satz: »Du sollst Vater und Mutter ehren!« Heute scheint nicht selten der Satz zu gelten: »Du sollst dich deinen Kindern unterordnen.« Nochmals: Kinder aber achten und respektieren nur jemanden, der sich selbst achtet und respektiert.

Kann ich das Verhalten meines Kindes ändern?

Niemand kann wirklich das Verhalten anderer Menschen ändern, auch das der eigenen Kinder nicht! Aber Eltern können dazu beitragen, Bedingungen zu schaffen, damit ihr Kind freiwillig sein Verhalten verändern will und kann. Dabei spielen die Familienatmosphäre und die eigene Einstellung eine entscheidende Rolle. Wer mit aller Macht versucht, sich durchzusetzen, programmiert Konflikte. Wer sich hingegen weder für allwissend noch allmächtig hält, sondern sein Kind mit dessen Wünschen, Gefühlen und Bedürfnissen wirklich ernst nimmt, öffnet für die ganze Familie neue Wege.

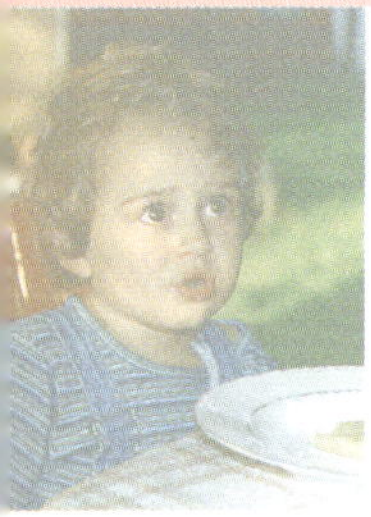

Respektvoll statt distanzlos

»Das Ehepaar Schreiber wirkt beim Elterngespräch gehemmt, fast verlegen. Zögernd beginnt Frau Schreiber: »Also, wir haben ein heikles Problem: Unsere Anne kennt keine Grenzen. Sie setzt sich immer auf den Schoß von fremden Leuten und will gleich mit denen schmusen. Richtig peinlich ist das!« ›Ach, lassen Sie doch‹, sagen manche Leute. Aber das geht doch nicht! Anne muss lernen, wo ihre Grenzen sind.« Herr Schreiber wirkt verunsichert und aufgebracht zugleich.«

Wessen Grenzen nicht respektiert werden, der wird sie eines Tages gar nicht mehr spüren. Und er selbst wird die Grenzen anderer ständig verletzen.

Oberflächlich betrachtet macht Anne etwas falsch. Doch bei näherer Betrachtung zeigt sich, dass Anne im Grunde genau das tut, was sie gelernt hat. Von Anne wurde immer erwartet, freundlich zu sein. Sie muss Oma ein Küsschen geben, auch wenn sie dies im Moment nicht möchte, bei Opa auf dem Schoß sitzen, ob sie mag oder nicht … Anne hat von klein auf gelernt, dass ihre Grenzen, die sie eindeutig anzeigte, nicht respektiert wurden. Wenn sie sich hinter der Mutter versteckte, in einer Ecke verkroch, unter dem Tisch verschwand, hieß es: »Anne, sei lieb.« »Anne, du musst Oma zeigen, dass du sie lieb hast, sonst ist sie traurig.« »Anne, man darf nicht den Kopf wegdrehen, wenn Opa dir ein Küsschen geben will.« Anne will ja brav sein, sie hat gelernt, dass sie kein Recht hat, Grenzen zu setzen, dass ihre eindeutigen Wünsche nach Respekt und Abstand immer Ärger auslösten. Sie hat verstanden, brav zu sein, damit man sie lieb hat. Und jetzt, wo sie brav und lieb zu allen ist, ist es auch wieder nicht recht!

Ein Kinder-»Nein« kann lebenswichtig sein

Kinder, deren »Nein« überhört wird, deren Wünsche nach Distanz und Bestimmung über den eigenen Körper missachtet werden, sind in großer Gefahr!

- Zum einen werden sie irgendwann nicht mehr spüren, dass sie eine Grenze setzen wollen oder sogar müssen. Sie können dann nicht mehr über sich selbst bestimmen und sind allen Formen des Missbrauchs hilflos ausgeliefert. Sie können lebensnotwendige Schutzfunktionen nicht entwickeln.
- Zum anderen werden diese Kinder selbst grenzüberschreitend, da sie ja nicht wissen, wie sich der Respekt vor den Grenzen anderer anfühlt. Sie werden distanzlos. Für sie sind dann alle Menschen gleich, ob bekannt oder unbekannt. Sie werfen sich diesen buchstäblich an den Hals.

Zielsetzend statt problemorientiert

»*Nora regt mich furchtbar auf. Sie ist absolut schlampig, lässt ihre Dinge liegen, wo sie geht und steht. Anfangs rede ich ihr noch gut zu, doch irgendwann versagen meine Nerven und ich kann nur noch rumbrüllen. Aber es ist ihr völlig egal, wenn ich ausflippe.« Es ist Frau Ammann deutlich anzusehen, dass sie nicht mehr ein noch aus weiß.*«

Wer sich nicht unter Druck setzt, kann Kindern besser beim Lernprozess helfen.

Unordnung, Schlampigkeit, Ungehorsam. Frau Ammann läuft diesem Problem hinterher, bis ihr die Puste ausgeht. Unser Denken läuft normalerweise nach dem Schema ab: Es gibt ein Problem! Finde die Ursache! Finde die Lösung! Eltern, die versuchen, nach diesem Schema Erziehungsprobleme zu lösen, landen oft in der Sackgasse. Frau Ammann ärgert sich maßlos über Nora, die unordentlich ist, nicht auf die Bitten ihrer Mutter eingeht. Auf die Frage, welche Ziele sie sich mit Nora setzt, antwortet die Mutter: »Ich will, dass Nora lernt, ihre Sachen aufzuräumen, damit ich nicht immer hinter ihr herräumen und mich so ärgern muss.« Frau Ammann möchte zwar, dass Nora lernt, sich für ihre Dinge verantwortlich zu fühlen. Deutlich wird

So formulieren Sie Ziele richtig

Formulieren Sie Ihr Ziel positiv!
Zum Beispiel: Ich spreche sachlich und bestimmt.
Statt: Ich will mein Kind nicht mehr anschreien.
Die Art und Weise, wie wir etwas sagen, hat einen großen Einfluss darauf, was dann tatsächlich geschieht.

Formulieren Sie Ihr Ziel konkret!
Zum Beispiel: Ich helfe abends meinem Kind aufzuräumen.
Statt: Jetzt ist Schluss mit der Unordnung im Kinderzimmer!
Nur wenn Sie sich darüber im Klaren sind, was Sie konkret erreichen möchten, gelingt es Ihnen auch, die entsprechenden Schritte zu gehen. Es kann natürlich sein, dass Sie nun einige Zeit Ihr Kind genau beobachten, dabei jedoch gelassen, aber bestimmt sofort auf Dinge reagieren müssen, die Sie verändern möchten.

Formulieren Sie Ihr eigenes Ziel, nicht das von anderen!
Zum Beispiel: Ich bestehe darauf, dass mein Kind sofort die Dinge aufhebt und aufräumt, die es auf den Boden wirft.
Statt: Ich will, dass mein Kind ordentlicher wird.
Das kann nur funktionieren, wenn Sie Ihr eigenes Ziel und nicht das Ihres Kindes vorgeben. Die veränderte Form macht klar, dass Sie Ihr Ziel konkret und auch für sich selbst formulieren und dass Sie es damit selbst in der Hand haben, die Dinge so zu gestalten, dass das Ziel erreicht werden kann.

Formulieren Sie Ihr Ziel in der Gegenwart!
Zum Beispiel: Ich übe jetzt mit Michael das Schuhebinden.
Statt: So langsam sollte Michael lernen, wie man Schuhe bindet.
Form und Inhalt bestimmen die Energie, die Sie aufbringen müssen, um ein Ziel umzusetzen. Je interessanter Sie Ihr Ziel formulieren, desto leichter tun Sie sich. Um das Ziel gut erreichbar zu machen, sollten Sie es in der Jetzt-Form benennen.

aber, dass sie ihr eigenes Wohl- oder Unwohlgefühl mit diesem Ziel verknüpft. Genau dies macht die Angelegenheit schwierig. Könnte Frau Ammann für sich selbst das Ziel finden, mit Ruhe und Gelassenheit Nora dabei zu unterstützen, ordentlicher zu werden, dann ergäben sich für beide wesentlich mehr Möglichkeiten.

Wer sich ein Ziel setzt, schaut nach vorn

Wer sich ein Ziel setzt, dreht sich innerlich um 180 Grad, da er nicht mehr nur auf Probleme und deren Ursachen zurückblickt, sondern seinen Blick auf die Zukunft richtet. Damit ändert sich gleichzeitig die gesamte innere Haltung. Wer weiß, was er möchte, und auch eine Ahnung davon hat, wie er es erreichen kann, läuft nicht mehr atemlos dem Problem hinterher, sondern bestimmt selbst die Zielrichtung, den Weg.

Wer ein Ziel verfolgt, hat die Zukunft im Blick. Daher muss er nicht mehr atemlos einem Problem hinterherlaufen, sondern kann selbst den Weg bestimmen.

Wünsche und Ziele sind nicht dasselbe

Manche Menschen setzen Ziele und Wünsche irrtümlich gleich. Manche Ziele sind versteckte Wünsche. Auf Ziele kann man hinarbeiten, man kann sich Wege überlegen, um sie zu erreichen. Wünsche dagegen werden entweder erfüllt oder nicht. Es liegt oft nicht in unserem Zuständigkeitsbereich, ob sie in Erfüllung gehen. Wenn Sie sich als Mutter oder Vater das Ziel stecken, Ihr Kind solle etwa bestimmte Umgangsformen lernen, damit es in seinem Leben nicht so oft aneckt, dann ist dies ein Ziel, das durch entsprechenden Einsatz von Mitteln erreicht werden kann.

Wenn Sie sich aber wünschen, Ihr Kind solle heute Nachmittag zum Besuch freundlich und nett sein, dann ist dies abhängig von dem, was sich zwischen dem Besuch und Ihrem Kind entwickelt. Natürlich können Sie sich das Ziel setzen, dass Ihr Kind sich mit Ihrem Besuch befassen soll, und ihm dies in einem ruhigen, klaren Gespräch vermitteln. Aber Sie können sich nicht das Ziel set-

zen, dass ein Gespräch freundlich und nett verlaufen soll. Denn dies hängt auch von dem Besuch ab. Wer an solchen Stellen Wünsche und Ziele verwechselt, steuert auf Probleme zu.
Sie entlasten sich, wenn Sie daran denken, welche Ziele Sie sich in Ihrer Erziehung setzen und was Sie sich wünschen. Wer eine Konfusion von Wunsch und Ziel meidet, kommt weder innerlich noch äußerlich in »Teufels Küche«.

Sieben goldene Ordnungstipps

1. Fragen Sie sich, welche anderen Möglichkeiten es gibt, Ihre Ziele von Ordentlichkeit umzusetzen, bevor Sie zu schimpfen anfangen.
2. Überlegen Sie, ob Sie wirklich immer Ihre Vorstellung von Ordnung durchsetzen müssen.
3. Versuchen Sie, die Art der Ordnung Ihres Kindes zu verstehen. Vielleicht kann es Ihnen erklären, ob nicht vielleicht doch ein System hinter dem scheinbaren Chaos steckt.
4. Tun Sie nichts für Ihr Kind, was es selbst tun könnte. Halten Sie sich auch dann daran, wenn Sie im Moment keine Zeit und Geduld dafür haben. Es lohnt sich langfristig!
5. Besprechen Sie mit Ihrer Familie die Konsequenzen von Unordnung und halten Sie sich dann auch daran.
6. Berücksichtigen Sie bei den Aufträgen Alter und Aufmerksamkeitsfähigkeit Ihres Kindes. Vermeiden Sie es, mehrere Aufträge gleichzeitig zu erteilen. Erinnern Sie mit einem Zettel oder einer Zeichnung an sich wiederholende Tätigkeiten, dann brauchen Sie nicht ständig zu reden.
7. Behalten Sie Ihren Humor und üben Sie sich in Gelassenheit, wenn sich Erfolge nicht gleich einstellen. Kinder haben nun einmal eine andere Zeitempfindung und Ordnungsvorstellung als Erwachsene.

Wie viel Ordnung muss sein?

Ordnung und Sauberkeit sind in vielen Familien Dauerthemen! Ordnungsvorstellungen sind immer subjektiv. Die meisten Eltern haben die Vorstellung, dass sich ihr Kind in die Ordnungsvorstellungen der Erwachsenenwelt einzufügen hat. Doch auch, wenn ein Kind meist sehr genau weiß, welche Ordnung Eltern haben wollen, ergeben sich in vielen Familien aus den unterschiedlichen Vorstellungen von Ordnung die heftigsten Auseinandersetzungen, Streitigkeiten und Machtkämpfe. Dass Ordnung sinnvoll ist, lernt Ihr Kind durch Erfahrungen. Je älter es wird, desto klarer kann es seine Gedanken ordnen und damit auch sonst für Ordnung sorgen. Vorbild, Gelassenheit und die richtige Mischung aus Zielsetzung und altersgemäßer Unterstützung bei der Umsetzung helfen ihm dabei.

Empathie ist die Möglichkeit, eine Brücke zwischen zwei Menschen zu bauen. Doch eine Brücke ist die Verbindung zweier Ufer, in unserem Fall zweier eigenständiger Persönlichkeiten.

Einfühlend statt besserwisserisch

»*Stefans Vater ist bei einem Autounfall ums Leben gekommen. Dem Fünfjährigen fehlt der Vater auf Schritt und Tritt. In seinem Umfeld macht sich zunehmend Mitleid gegenüber dem »armen Wurm« breit. Stefans Verhalten verändert sich. Er beginnt, sich zurückzuziehen. Die Mutter, seine Erzieherinnen im Kindergarten, die Verwandten kümmern sich verstärkt um ihn, schonen ihn, trösten ihn. Je mehr sie dies tun, desto intensiver wird sein Rückzug. Nach einigen Wochen ändert sich sein Verhalten: Er wird auffällig, beginnt einzunässen und einzukoten. Die anderen Kinder im Kindergarten werden ständig beim Spiel gestört, gequält und geschlagen. Immer noch wird Stefan behandelt, als wäre er schwer krank. Alles wird entschuldigt mit der Begründung: »Da kann man nichts machen. Aber das wird schon wieder werden …*«

Einen Menschen, erst recht ein Kind, in der Trauerarbeit zu begleiten, ist wirklich schwer. Denn es bringt auch uns selbst immer nahe an Existenzfragen und damit an Gefühle, die wir nicht gern spüren. Doch lassen sich die Menschen, die sich Stefan zuwenden, nicht auf seine vorhandenen Gefühle ein, sondern möchten, dass der Junge möglichst schnell vergisst, was passiert ist.

Mitgefühl stärkt, Mitleid macht schwach

Die Erwachsenen tolerieren Stefans Verhalten – doch ist dies für sie nur Mittel zum Zweck: Weil sie es nicht aushalten, dass er traurig ist, versuchen sie, ihn abzulenken und auf andere Gedanken zu bringen. Dabei bräuchte Stefan Halt, Sicherheit und Geborgenheit; er bräuchte Erwachsene, die gut bei sich sind und mit ihm fühlen.

Empathie

Inwieweit ist es überhaupt möglich, sich in jemanden einzufühlen, sich in ihn hineinzuversetzen, ihn sozusagen von innen heraus zu verstehen?

Wer sich zu nahe kommt, kann den anderen nicht mehr richtig wahrnehmen.

Empathie hängt vom guten Willen ab und kann bedeuten, dass wir den Gefühlen eines anderen möglichst nahe kommen. Doch sollten wir uns stets bewusst sein, dass es sich um zwei verschiedene Personen handelt. Manche Eltern haben die Fantasie oder Wunschvorstellung, sich ganz in ihr Kind hineinversetzen zu können und vollkommen eins mit ihm im Denken und Fühlen zu sein. Dies ist nicht nur unmöglich, sondern auch für die Beziehung sehr problematisch. Stellen Sie sich vor, Sie stehen Ihrem Kind gegenüber. Nun gehen Sie langsam aufeinander zu, bis sich Ihre Nasenspitzen

berühren. Sie stellen fest, je näher Sie einander kommen, desto mehr verschwimmt der Blick, desto unschärfer wird Ihr Kind, desto unklarer können Sie es sehen. Wenn sich zwei Personen plötzlich überlappen, wenn keine innere Trennung mehr da ist in ein: »Ich bin ich und du bist du«, dann wird nicht nur die Realität verleugnet, sondern auch die notwendige Distanz verwischt, ohne die wir den anderen nicht wirklich wahrnehmen können.

Mitfühlen heißt sein lassen

Wer anderen gegenüber Mitleid empfindet, sollte sich fragen, wie es kommt, dass er sich über andere stellt, sie bemitleidet, sie abhängig macht? Denn wer Mitleid empfindet, erhebt sich innerlich über den anderen. Spürt er hingegen Mitgefühl, dann bleibt er auf der gleichen Ebene – ohne auf einem Sockel zu stehen, sich nach unten zu beugen, dem anderen gnädig über den Kopf zu streichen und dann wieder seiner Wege zu gehen. Mitgefühl geht von der inneren Haltung der Gleichberechtigung aus, von einer Begegnung mit Respekt und Achtung. Hier wird der andere eben nicht bedauert, sondern in seinem Schmerz und Kummer sein gelassen und angenommen, wie er ist. Mit »Seinlassen« ist natürlich nicht »Hängenlassen« gemeint; vielmehr werden dem anderen Gefühle zugestanden, wie immer sie auch beschaffen sein mögen.

Vorsicht! Empathie darf nicht zur Gefühlsduselei, und das Aussprechen von Gefühlen nicht zu dumpfer Distanzlosigkeit verkommen.

Kranke Kinder brauchen Eltern, die Halt geben

»*Alina ist ein sehr hübsches dreijähriges Mädchen, das Abbild einer Käthe-Kruse-Puppe. Sie strahlt wie ein kleiner Engel, ist immer guter Laune, ist der ganze Stolz ihrer Eltern und erfreut alle durch ihre bezaubernde Art. Dann wird Alina eines Tages sehr schwer krank. Die Diagnose ist niederschmetternd, ihre Eltern sind völlig verzweifelt. Die Mutter bricht zusammen, ist kaum mehr in der Lage, am Krankenbett ihrer Tochter zu sein.*«

Nur wer bei sich selbst ist, kann mit anderen mitfühlen

Ihr Kind braucht Mitgefühl, nicht Mitleid. Denn es braucht auf alle Fälle Mutter oder Vater, wenn ihm etwas geschieht, wenn es Kummer, Schmerzen oder Sorgen hat. Im Mitgefühl bleiben Sie Sie selbst und verschwimmen nicht in Ihrem Kind. Bei sich selbst zu bleiben, ist Voraussetzung, um wirklich Stütze und Hilfe sein zu können. Wer Kindern in Mitleidshaltung begegnet, achtet ihre Persönlichkeit nicht!

Mitgefühl stärkt, Mitleid macht schwach. Mitgefühl nimmt den anderen ernst und gibt ihm seine Verantwortung zurück.

Alle Mütter und Väter wissen um den großen Schmerz, wenn ihr Kind krank ist. Es rührt an unsere Grundfesten, wenn wir erleben, wie unser Kind leiden muss. Fast alle Eltern wären in solchen Situationen gerne bereit, die Qualen ihres Kindes zu übernehmen. Doch das kranke Kind braucht gerade jetzt Mutter und Vater, die eben nicht an seiner Stelle (auch noch) krank werden! Wenn es noch so schwer fällt: Jetzt ist es Aufgabe der Eltern, alle Kräfte zu mobilisieren und sich nicht ins Leid fallen zu lassen. Mitleid hilft nun weder dem Kind noch den Eltern weiter. Alina braucht die Mutter an ihrem Bett. Dazu muss sie sich aus der Identifizierung mit ihrer Tochter lösen. Alina braucht Halt, Sicherheit und Zuversicht durch Eltern, die da sind.

Auch Kinder haben ein Recht auf Geheimnisse

»Mein Kind hat keine Geheimnisse vor mir! Es kann das gar nicht getan haben! Das hätte ich hundertprozentig gewusst!« »Ich weiß ganz genau, wie mein Kind fühlt, ich weiß, was es denkt, ich weiß alles – es ist so, als wären wir eins miteinander.« »Mein Kind ist für mich ein offenes Buch – ich kann darin lesen, wann immer ich will.«

Solche Sätze sind gefährlich! Vieles von dem, was ein Kind vorhat, manches von dem, was es tut, und eine Menge von dem, was es beschäftigt, ist für Eltern kein Geheimnis. Offen steht in seinem Gesicht zu lesen, deutlich ist durch seine Körpersprache zu verstehen, was Sache ist. Doch ist es möglich, ja überhaupt wünschenswert, sein Kind »in- und auswendig« zu kennen? Oder ist es nicht vielmehr ein Zeichen von Überheblichkeit und Vermessenheit, zu behaupten, alles über einen anderen Menschen zu wissen? Wie wir erfahren haben, macht Empathie durchaus möglich, eine Menge zu verstehen. Doch jeder, wirklich jeder Mensch hat und braucht seine kleinen Geheimnisse – das gilt auch für Kinder!

Ich kenne dich in- und auswendig

Es ist ein großer Unterschied, ob sich Eltern bewusst sind, manches über ihr zu Kind wissen oder ob sie sich einbilden, alles von ihm zu wissen. Die Einstellung, alles von seinem Kind zu wissen, öffnet Tür und Tor zu Fehlinterpretation, Manipulation und Beziehungsstörung. Denn wer davon ausgeht, alles über sein Kind zu wissen, braucht es ja gar nicht mehr selbst zu fragen, nicht wahr? So wird er auch nicht überprüfen, ob die Meinung über sein Kind wirklich damit übereinstimmt, was dieses wirklich denkt oder tut.

Wer glaubt, alles über sein Kind zu wissen, nimmt keine Rücksicht auf dessen wahre Einstellung.

Wunschvorstellungen versperren oft die Sicht

»*Frau Knie ist davon überzeugt, ihren Sohn Walter »in- und auswendig« zu kennen. Nun wird sie zu einem Gespräch in den Kindergarten gebeten. Die Erzieherin macht sich Sorgen. Walter wirke verschlossen, halte sich bei gemeinsamen Aktivitäten immer abseits, spreche wenig und sei fast nicht in der Lage, Augenkontakt aufzunehmen. »Nein, Sie beschreiben nicht meinen Sohn!«, ereifert sich Frau Knie. »Walter ist ein aufgeweckter Junge, lebensfroh und immer gut gelaunt. Er singt und trällert den ganzen Tag, hat viel Fantasie und ist einfach überschlau. Vielleicht bieten Sie ihm nichts Interessantes.*«

Kinder verhalten sich in unterschiedlichen sozialen Umfeldern verschieden. Dies ist nicht ungewöhnlich. In vertrauter Umgebung sind sie oft gelöster, freier und sicherer.
In diesem Fall ist es anders: Untersuchungen ergeben, dass Walter tatsächlich extrem introvertiert ist und dringend eine spezielle Förderung bräuchte. Doch woher kommt es, dass ihn seine Mutter völlig entgegengesetzt beschreibt? Frau Knie hat sich von ihrem Sohn ein Wunschbild gemacht, so wie sie ihn gern sehen würde: patent, mutig, weltoffen, selbstbewusst. Diese Vorstellung hatte sie schon, bevor sie schwanger geworden war. Sie hat sie durch Schwangerschaft und Säuglingszeit weitergetragen. Dass von Anfang an deutliche Hinweise auf eine Entwicklungsverzögerung bestanden, wollte und konnte sie nicht sehen – es hätte ja dem Wunschbild von ihrem Kind widersprochen. Auch dieses Beispiel illustriert, dass es unsere Vorstellungen, Meinungen und Einstellungen sind, die Probleme machen, nicht die Dinge an sich. Könnte Frau Knie ihre inneren Scheuklappen ablegen und Abschied nehmen von der Überzeugung, ihr Kind in- und auswendig zu kennen, dann könnte sie sehen, was mit ihrem Sohn tatsächlich los ist.

Wer sich von vornherein ein bestimmtes Bild macht, ist voreingenommen. Für ihn ist es äußerst schwierig, klar zu sehen – so, als hätte er eine dicke Brille mit falschen Gläsern auf.

Wie schön, sich auf sich selbst verlassen zu können!

Falsche Vorstellungen und Illusionen machen Eltern und Kindern das Leben schwer. Wenn man sie ablegt, erscheint es zwar im ersten Moment nicht ganz so angenehm, klar zu sehen. Doch auf lange Sicht empfinden Eltern und Kinder einen großen Genuss, wenn sie merken, dass sie ihren Augen, dass sie sich selbst trauen können. Es ist wirklich ein wunderbares Gefühl, sich auf sich selbst verlassen zu können!

Die Autoren

Inge Minich ist gelernte Erzieherin. Sie war 19 Jahre Haupt- und Sonderschullehrerin sowie Ausbildungs- und Praktikumslehrerin. Nach einer zusätzlichen Ausbildung zur Analytischen Psychotherapeutin für Kinder und Jugendliche arbeitet sie - selbst Mutter eines Sohnes - in eigener Praxis. Inge Minich lehrt am Institut für Kunst und Therapie als Mitglied der Akademie für Psychoanalyse und Psychotherapie in München und ist erfolgreiche Autorin einer Reihe weiterer Ratgeber.

Gerald Drews – ursprünglich Journalist – hat als Reporter und Chefredakteur mit großem Erfolg bereits zahlreiche Ratgeber und Sachbücher zu den unterschiedlichsten Themen veröffentlicht. Parallel zu seiner Tätigkeit als Autor betreibt der Vater zweier Söhne eine Verlags- und Autorenagentur.

Haftungsausschluss

Die Inhalte dieses Buches sind sorgfältig recherchiert und erarbeitet worden. Dennoch können weder die Autoren noch der Verlag für die Angaben in diesem Buch eine Haftung übernehmen.

Bildnachweis

Mauritius Die Bildagentur GmbH, Mittenwald: 2, 4, 5, 8, 21, 24, 30, 38, 39, 44, 51, 59, 62, 96, 104; Daniela Rauch-Vetter, Frankfurt: 94; Tony Stone Associates GmbH, München: 6, 7, 10, 13, 55, 69, 81, 91, 97, 110, 120; zefa visual media gmbh, Frankfurt: 16, 39, 40, 72, 85, 97, 101; Titelbild + U4: Tony Stone Associates GmbH, München

Literatur

Biddulph, Steve: Das Geheimnis glücklicher Kinder. Beust Verlag. München 1994

Blickhan, Daniela: Nerv nicht so, Mama! Herder Verlag. Freiburg 1998

Müller-Lissner, Adelheid: Nestwärme – Erziehung mit EQ. Wilhelm Heyne Verlag. München 1998

Rogge, Jan-Uwe: Eltern setzen Grenzen. Rowohlt Taschenbuch Verlag. Reinbek 1995

Spallek, Roswitha: Mama, magst du mich? Wilfried Eppe, Abt. Verlag. Bergatreute 1994

Impressum

Midena Verlag

Redaktion: Monika Parzinger
Bildredaktion: Susanne Allende
Umschlag: Beatrice Schmucker
Layout: KL-Grafik, München
DTP/Satz: KL-Grafik, München
Reproduktion: Repro Mayr, Donauwörth
Druck und Bindung: Offizin Andersen Nexö, Grafischer Großbetrieb, Leipzig

Gedruckt auf chlorfrei gebleichtem Papier

Printed in Germany

ISBN 3-310-00555-0

Register